カール・ローゼンクランツ

寄川条路［訳］

Karl Rosenkranz,
Japan und die Japaner

日本国と日本人

法政大学出版局

目次

カール・ローゼンクランツ
(1805–79)

訳者まえがき

本書は、カール・ローゼンクランツ『新・研究論文集』第一巻『文化史の研究』(ライプツィヒ、一八七五年)に収録された論文「日本国と日本人――ケーニヒスベルク自然経済学会での講演」(一八六〇年初め)の全訳である。翻訳のもとになったテキストはつぎのとおりである。

Karl Rosenkranz, Japan und die Japaner. Vortrag in der physikalisch-ökonomischen Gesellschaft zu Königsberg. Frühjahr 1860, in: *Neue Studien*, Bd. 1, *Studien zur Culturgeschichte*, Leipzig, 1875, S. 326–359.

なお、本書にある目次と見出しは、原文にはなく、読みやすさを考えて訳者が補足したものである。また、引用文中の旧漢字は新漢字に、旧仮名遣いは新仮名遣いに直してある。

はじめに、論文「日本国と日本人」の翻訳に先立って、『新・研究論文集』第一巻『文化史の研究』の序文の翻訳と、論文「日本国と日本人」の概要の翻訳を載せておく。

はじめに

一　『文化史の研究』の序文

一八三九年から一八四八年までのあいだに、私は五巻からなる『研究論文集』を出版した。[1] この論文集の中には、いくつもの雑誌に発表してきた小品を収録するつもりだった。しかし、計画は三月革命[2]のために中断されたので、今から私はこの計画を再開しようと思う。少しでも長く残しておくに値すると思えるものを、私は数十年もかけて、おもに内容と形式に従って選び出してみた。論文・講演・記事・批評などを、ここに取りまとめている。

私の青年時代にも、そしてまた十八世紀にも、こうした試みは「試論」と呼ばれていた。そこで私自身は、まだ一八三一年には試論と呼ばれていたこの用語を使って一冊の本を作ってみた。[3] たしかに、そのなかの多くは今日ではおそらくは「エッセイ」と呼ばれるものだろう。私は、こうしたわかりづらい作品ジャンルを求めているわけではない。だが今では、私たちがそう思い込んでいるように、エッセイという外来語によって新しい作品上の区分を受け入れなければならないのだろう。

多くの作品は、異なる時期に書かれたものであり、しかも、異なるきっかけで書かれたものである。したがってそこに、作品を配列するための一つの根本方針を見いだすことは難しい。しかし私には、作品の全体を眺めているうちに、二つの作品群があることがただちに見えてきた。一つは文化史の作品で、もう一つは文学史の作品である。

読者もすぐにおわかりになるだろうが、文学史的な作品はその理解からいっても本質的に文化史的なものにかかわっている。たとえば、十八世紀のパリのサロンがそうであったように、文学作品を文化史から切り離して理解することはできない。さらには、これらの作品の大部分がカント[4]哲学と十八世紀後半のフランス哲学に関係していることも、そしてまたドイツ唯物論とその周辺に関係していることも見て取れる。

作品の順番は、他の編者もそうしているように、書かれた順番に並べられている。たいていの場合、書かれた順番は事柄そのものの順番にもなっている。事柄の順番に従って編集すると、東アジアという項目には、中国の演劇、日本、インドシナが入るだろう。フランス哲学の無神論という項目には、ディドロ、[5] ラモーの甥、[6] ロビネ、[7] ドン・デシャン、[8] フリードリヒ大王[9]が入るだろう。しかし、分類上のこうした見出しが実際に意味している内容に合致していたとしても、その一致はあまりにも不完全な対応にすぎない。

本書には、読者のためを思って、『新・研究論文集』の二巻[10]のうちのどちらにも、個々の論文へのわずかばかりの説明を加えておいた。いくつかの作品にはまた、出版されたときに収められていた本のタイトルが補足的に入っている。

本書は、私が若いころに書いた小品を集めたものだが、年を経て集めたこの論文集が、若いときに好意的に受け入れられたのと同じように、読者に好意的に受け入れられることを願っている。

ケーニヒスベルク、一八七五年初め

カール・ローゼンクランツ

二　「日本国と日本人」の概要

「日本国と日本人」というタイトルは、今では、「かつての日本」と書き換えられるだろう。それほどまでにこの十五年で日本の外面的な特徴は大きく変わった。日本は開国して外国に自由に行き来できるようになったし、かつての政治形態であった二頭制[11]も解消して、封建制度は議会制度へと変わってしまった[12]。

しかし私が日本の姿を描き出したその当時、日本を正確に理解することは、博識な人にとってもきわめて困難なことであった。私が日本人の教養と文化について語ったことで、多くの人は私の話をひどく誇張されたものとみなしたり、真実ではないものとして受け取ったりした。それほどまでにケーニヒスベルクでの私の講演[13]は、多くの人に驚きをもたらすものだった。おそらくはこう言ってもよいだろう。

日本国と日本人

XVII.

Japan und die Japaner.

Vortrag in der physikalisch-ökonomischen Gesellschaft zu Königsberg.
Frühjahr 1860.

Wer ein Zeitgenosse unsers Jahrhunderts ist, darf sich nicht über den Mangel an großen Ereignissen beklagen, deren Interesse den Reiz des Lebens erhöht. Unter demselben tritt die Erweiterung unserer Kenntniß entlegener Welttheile als eine eigenthümliche Gruppe hervor, die auch praktisch von höchster Wichtigkeit ist, weil der Kenntniß die mercantilische Verbindung, die Colonisation, oft sogar die Eroberung folgt. Seit dem Anfang dieses Jahrhunderts, wo Alexander von Humboldt der wissenschaftliche Entdecker Amerika's wurde, haben kühne Reisende Afrika, Australien, Asien bis in ihr Inneres durchforscht und die Anschauung dieser Länder für uns gänzlich umgestaltet, wie dies am besten erhellt, wenn man eine Karte derselben von heute mit einer Karte des vorigen Jahrhunderts vergleicht.

Unter diesen Ländern, deren Schleier sich mehr und mehr vor unsern Blicken hebt, steht Japan als die jüngste unserer wiedergeborenen geographischen Erwerbungen da. Früherhin allen Nationen zugänglich, hatte es sich seit zwei Jahrhunderten fast hermetisch in sich abgeschlossen, bis die Regierung der Vereinigten Staaten 1854 seine Wiedereröffnung erzwang. Unser eigener Staat ist im Begriff, eine Expedition dorthin abzusenden, Handelsbeziehungen anzuknüpfen, und Handelsverträge zu schließen.

Diese Umstäde sind verlockend, uns eine gedrängte Uebersicht dessen vorzulegen, was wir bisher von Japan wissen. Dies soll

「日本国と日本人」冒頭

序章　日本の登場

大きな事件に関心をもっていると、それは人生を刺激して高揚させてくれるかもしれない。しかし、だからといって、今の時代にそれほど大きな事件が起きなくて残念だと思ってはいけない。同じ人生を送るにしても、遠く離れた国々についての知識を広げていけば、現実のなかでも、学ぶべき大きな出来事が生まれてくる。というのも、私たちが持っている知識のなかから、重商主義も植民地支配も生まれてきたのだし、それどころか結果的には他国を征服することにもなったからである。

十九世紀の初めに、アレクサンダー・フォン・フンボルト(14)がアメリカ大陸の発見を学問的に解明した。それ以来、勇敢な探検家たちが、アフリカ、オーストラリア、アジアの内陸部を徹底的に調査してきた。この調査によって、こうした国々についての私たちの知見は根底からひっくり返された。十九世紀の地図と十八世紀の地図とを見比べてみれば、このこともはっきりする。これらの国々は、覆いを取り去られて私たちの前に現れ出てきた。とりわけ日本は、今日の新しい地理学が獲得した成果のなかでも、最新の成果として登場してきたのである。

第一章　日本事情

かつての日本はあらゆる国に開かれていたが、一八五四年にアメリカ合衆国政府が開国を迫るまで、二百年に渡って日本はほぼ完全に封鎖されていて、自国のなかに閉ざされていた。(15) ドイツもちょうどこの時期に日本へ使節を送って、貿易取引の関係を結んで通商条約を締結しようとしていた。こうした状況のなかで私は、これまでに日本について知り得たことを簡潔に概観して提示しようと思う。

そのさい私としては、確認できる正確な事実だけを伝えることにして、その事実が求めている考察のほうは読者に委ねることにした。

第一節　アダムズ

私たちが最初に手にしたのは、カトリック宣教師の覚書を別にすれば、アダムズ[16]という
シェークスピア[17]と同じ時代のイギリス人が書いたかなり古い報告である。アダムズはオランダ人とともに、一六二〇年から亡くなるまでの二十年ものあいだ日本に滞在していて、将軍に親しく接して助言をしていた。そのアダムズの覚書[18]が、一八五一年にロンドンのハクルート協会[19]によって出版されたのである。

では、十七世紀の日本はどのような国だったのだろうか。

第二節　ケンペル

日本について丹念な記録を残しているのは、ドイツ人のエンゲルベルト・ケンペル[20]である。ケンペルは一六五七年にレムゴーで生まれ、ケーニヒスベルクで医学を学び、スウェーデン使節団に加わって東方に向かったのだった。一六九〇年には東インドからオランダ人の随行医と

して出島[21]に向かい、二年ものあいだ出島に滞在していた。

一七一六年にケンペルが亡くなると、彼の膨大な旅行記はショイヒツァー[22]によって手書きの原稿から英語に翻訳され、一七二七年にロンドンで二冊のフォリオ判として出版された。[23]その後、ドイツ語版がドーム[24]の編集によってようやく一七七七年から一七七九年にかけて刊行された。[25]

第三節　ツンベルグ、ゴロウニン、ティチング

ケンペルに続いて、同じくオランダ商館に勤めていた医師であるが、スウェーデン人のツンベルグ博士[26]が一七七五年に彼の旅行記を出版した。[27]その旅行記のなかでツンベルグは博物学にとりわけ注意を向けている。

当時の日本の内情は、その後、ロシア人将校のゴロウニン[28]によってさらに詳しく知られるようになる。一八一一年から一八一三年まで日本に捕らわれていたゴロウニンは、『日本幽囚記』をロシア語で書き残し、これは彼の『日本回想録』とともに、多くのヨーロッパ語に翻訳されている。

それからティチング、[29] メイラン、[30] フィッセル[31]という三人の北欧人が、日本についての旅行記を書いている。ティチングは一八一二年にパリで亡くなるのだが、一八三四年にはクラプロート[32]がティチングの遺稿をもとに、『日本王代一覧』の翻訳を出版している。その翻訳から私たちは、日本の歴史についての最初の確かな手がかりを得ることができる。また、フィッセルの旅行記はアムステルダムで一八三三年に出版された。

第四節　シーボルト、ジャンシニー

しかし、もっとも正確で詳細な研究は、私たちの十九世紀においてもまた、ドイツ人であり医師でもあるシーボルト博士[33]のものである。シーボルトはヴュルツブルクで生まれ、ケンペルやツンベルグと同じように、一八二六年からオランダ商館の医師をしていた。しかも、シーボルトはまだ現役で活躍しており、ライデンとボンにしばらく滞在したあと、ふたたび日本に戻っていった。彼の詳細な研究は、教養ある日本人との長年にわたる交流によるものであり、シーボルトが書いた『日本』という本は、銅版画をたくさん収めたりっぱなものであって、一八三二年から分冊で刊行されているが、まだ完結してはいない。

これらの書物すべてと、数え切れないほど多くのその他の書物をもとに、デュボア・ドゥ・ジャンシニー(34)は、全体を概観することのできる本を出した。東インドと東アジアの島で長く暮らしていたジャンシニーが描き出した全体像は、一八五〇年に地図と銅版画を入れて『絵画の世界』シリーズのなかの一冊としてパリで発行された。

第五節　ハイネ

一八五四年にペリー提督(35)によって日本が開国を余儀なくされたとき、私たちの知識はここまで到達していた。ペリーの遠征に同伴したのは、ほかでもなくドイツ人で画家でもあるヴィルヘルム・ハイネ(36)であった。

ハイネは一八五六年と一八五八年に、当時の日本の姿を正確に描写しているが、そこにはもちろん、クリミア戦争のときに日本海でロシアを相手にして縦横無尽に戦ったイギリス艦隊のハーバーシャム艦長(37)の報告も入っている。

画家であるハイネは、土地や住宅などの興味深い光景をも伝えていて、ハイネの二つめの作品『中国、日本、オホーツク海域への遠征』第二部の終わりには、(38)羅森《らしん》(39)という中国人のとても興味深い日記が収録されている。羅森というのは、アメリカ人が通訳として日本人と筆談するために連れてきた広州の文人である。

第六節　ノイマン

その後、中国学者として著名なミュンヘンのノイマン教授[40]が、ラウマー[41]の『歴史文庫』（一八五八年）のなかで、これらの新しい報告を「激動する東西世界における日本国とその位置」というタイトルのもとで要約している。この要約は、政治交渉の進捗状況を叙述しているという点で、もっとも重要な文書である。

これからいろいろな情報を引用してくる必要が生じるだろうから、参考資料として使用したこの短い文献をあらかじめ概観しておくことにしよう。

第二章　日本の概観

第一節　日本の地理

日本は北極海から東アジアへと続く列島の一部であり、その大部分は火山からできている。北緯二十四度から五十度のあいだにあって、シーボルトは日本の面積を七千五百二十平方マイルと見積もっている。[42]

日本の主要部分は、ニッポン、九州、四国という三つの大きな島からなっている。九州はかつてヒモ[43]といい、四国はかつてシコクフといった。ニッポンは北にあって長く延びた島で、楕円に湾曲している。

ニッポンと日本は同じ名まえであって、ヴェネツィアの旅行家マルコ・ポーロ[44]が、十三世紀の終わりに中国で日本についての知識を得てはじめて、ジパングと名づけたものである。ジパングとはすなわち、中国語で太陽の昇る国のことであり、東の国のことを意味している。シパンというのも同じ名まえであって、日本人自身は自分の国をきわめて正当にも、山の国、ヤマトと呼んでいる。

コロンブス(45)は航海の目的地の一つとして日本も予定に入れていたのだが、彼の航海日誌からすると、最初はキューバを日本と思い込んでいたようだ。本当の日本は、一五四三年にポルトガル人によって発見されることになる(46)。

第二節　蝦夷と琉球

日本から海峡を隔てたところに蝦夷地がある。蝦夷には未開の民族で温厚なアイヌ人が住んでいたのだが、日本人に征服されて植民地になってしまった。おもな町は西側にある松前であり、東側には箱館という良好な港がある。北に向かって縦に延びる島は樺太蝦夷またはサハリンと呼ばれており、中国とロシアに属している。

日本の大きな島は、三千以上もある小さな島にまわりを囲まれている。日本の島からずっと南に位置している琉球諸島は、半ば日本の支配下にあり、半ば中国の支配下にある。

第三節　富士山

日本列島には火山が一列になって並んでいて、列の真ん中あたりには、紀元前二八五年から、もっとも高い火山がそびえ立っている。それが一万二千フィート以上もある富士山である。富士山はいつも雪に覆われていて、目を見張るような美しい景色が周囲を取り巻き、絵のような風景を作り上げている。自然美にきわめて敏感な日本人は、ピラミッドのように壮大な富士山をことのほか愛し、たくさんの絵画を後世に残している。いろいろな扇子や日よけ笠など、すぐれた作品も作り上げてきた。

山と山に挟まれて川の流れが変わるように、川に立つ波が右に左に勢いよく打ち寄せて、固くなった岸辺へと流れ込んでいく。川のたもとの東側には野趣に富んだ地域ができあがり、大井川が築かれた。山と川が織りなす風景は、日本の詩人が大いに好むところである。

第四節　日本の気候

こうして、山が気候に大きな影響をもたらすことになった。西側は、アジアから吹いてくる風にさらされて荒れ模様で暴風雨であっても、東側は、南イタリアの空のように厳しいときもあれば穏やかなときもある。また、一方では、太平洋から熱帯の暖かい風雨が押し寄せてきて気温を上昇させるが、他方では、北極海から寒気が押し寄せてきて津軽海峡を通って日本と中国の海にも注ぎ込んでくる。一般的には、空気は非常にきれいで、いたるところで海の波が岩や岸辺に当たって砕け散り、冬の寒さを和らげて夏の暑さを和らげている。

日本人は男も女も、旅人と武士を除くとすれば、帽子ではなくて笠をかぶったり、扇子を当てたりして歩いている。(47) だれもが笠や扇子を持っていて、たいへん器用に使っている。(48) たとえば、学校の先生がむちの代わりに使うこともあれば、贈りものをする人が、その上にささやかなプレゼントをのせて差し出すこともある。

港の外側には岩礁が多く、しかも霧で覆われているので、船をまっすぐに入れるのにはかなり苦労する。台風の風雨や旋風によってかき乱された容赦ない海では、数え切れないほど多くの者が難破したものだ。しかしそうは言っても、すばらしい港がないわけではない。

第三章　日本の生物

第一節　日本の鉱物

鉱物資源は途方もなく豊富で、金と銀の鉱脈が国土を貫いている。鉄、鉛、錫、硫黄などの鉱物があり、とくにすばらしいのは銅で、数百年にわたって尽きることなく採掘されてきた。ポルトガル人は、一年間に五万七千両に当たる三百トンの金を持ち出し、一六三六年には二千三百五十箱の銀を日本から輸入していた。(49) かつてオランダ人が鉱物資源を独占していたとき、オランダへの主要な輸出物は銅だった。(50)

第二節　日本の植物

地盤が固いから、植物がうっそうと茂ることはない。しかし地震がよく起こるので、地盤を緩くしている。一部ではあるが火山の溶岩が地盤の表面を肥沃な土で覆ってもいる。短いながらもたくさんの川が勢いよく山から流れ込んできて、川岸にたえず新鮮な植物を運んでいく。そこで、地盤の固さをものともせずに注意深く、そして根気強く農作物の栽培が行われている。谷底も山腹も広い範囲で耕されているから、大地は実り豊かな農園のように見える。

植物の分布を見ると、大半は自生のものではなく、一部はアジア大陸のものであり、他の一部は南洋諸島のものである。たとえば、クリ、ナラ、マツ、スギ、カバ、ウルシ、クスノキなどがある。くだものの種類も豊富で、オレンジ、バナナなどがあり、タケ、チャ、サケ、サトウキビ、コムギ、コメ、ワタ、コショウ、タバコ、マメなどがりっぱに育っている。ジャガイモも、かつてオランダ人のために長崎で栽培されていただけだったが、今では広く行き渡っている。

日本でも、農業が盛んになるにつれて、たくさんの森林が失われてきている。蝦夷地だけは例外で、広大な原生の針葉樹林が残されているが、そのほかの島では、燃料として使うために樹木が栽培されている。燃料としては、日本では炭鉱が大いに役立っていて、これをアメリカ人がずっと欲しがっている。(51)九州ではまだ大量の木が売られている。

第三節　日本の動物

森林と同じように、野生の四足動物はいくらかを残して絶滅してしまった。クマ、イノシシ、シカ、ノロジカ、ヤマネコは、まだ山の中で見られる。そのほかのものでは、ヨーロッパと同じように、農夫が忌み嫌う動物としてキツネが目をひくくらいだ。キツネはよく出てくるので、日本にはキツネの悪だくみやいたずらについてたくさんの物語がある。(52)身分の高いものは狩りを好むようで、日本に古くから伝わる鷹狩りは狩りのなかでもすばらしいものの一つといえる。馬や牛は発育はよいのだが、小さな品種である。牛はものを引っ張ったり、ものを運んだりするために使われ、牛の乳を搾ったり肉を食べたりすることはない。耕作や森林栽培のためには、ヒツジは都合が悪いらしく飼われてはいない。(53)それに比べれば、カモ、ガチョウ、ニワトリ、ハトなどが、たくさん飼育されている。

また、日本は海の幸にも恵まれていて、数多くの食物が海から得られている。ありうる限りの魚や貝、ナマコや海藻などが浜辺にうようよしていて、好んで食べられている。

第四節　日本人の起源

日本人がそもそもどこからやって来たのかはわからない。日本は朝鮮半島に近く、その南側にあることから、日本人は朝鮮半島を通って大陸から移住してきたものと考えることもできる。だが、中国から日本の原住民がやってきたのではない。(54)というのも、日本語の心地よい響きは、中国語の響きとは別のものだからである。日本語が多音節の言語であるのに対して、中国語は単音節の言語である。日本語は、語根からしても構造からしても、中国語とはまったく別のものなのである。

日本の原住民が漁業を営んでいたのは、きわめて当然のことだろう。今日でも日本人の社会秩序には、まだその名残が多く見られるし、そこには漁師たちの簡素な習わしがしっかりととどめられている。

それはたとえば、贈り物をするときにはかならず、のしの小片を添えることにも現れている。(55)

また同じように、客を招いて開かれる宴会は、いつも魚の干物で締めくくられ、豪華な飲食においても、かつての貧しい生活を思い起こすようになっている。

第四章　日本の宗教

第一節　自然宗教

自然のなかで生きている民族に自然宗教を見いだすことができるように、漁業で糧を得ている民族に自然宗教への信仰を見いだすことができる。この漁業民族は偉大な霊を、世界を支配する力として崇拝している。しかしとりわけ死者の魂を霊として崇め、それゆえにこの宗教は神の道すなわち霊の道と呼ばれている。中国人がこの宗教に「神道」という名まえを与えたのもそのためである。

宗教は時代とともに洗練されていったが、それでもなおその土地の一般的な習俗であり続け、そして日本の宗教であり続けた。なぜなら、日本の宗教は単純なものでありながら、他のあらゆる宗教とうまく調和していたし、日本の宗教にある未熟でとりとめのない神話には、排他的なところが何もなかったからである。

第二節　神道と神社

アシで覆われた質素な神社のなかに、礼拝の対象となるような偶像を見いだすことはできない。そこには、ただ一つの玉があるだけで、鏡が掛かっていて、神の純粋さと全知を象徴している。神のゆるぎない眼差しの前では、人間はみずからの内面を覆い隠すことはできない。火は純粋なもの、清めるための自然の力であり、同様に神の象徴ともみなされている。

神官は神主と呼ばれ、霊を看取る主となる。神主は妻帯してもよく、妻といっしょに神を祭る祭祀を執り行う。彼らはたとえば、ともに白い装束をまとって、生まれてきた子どもに名まえを授けたりする。(56)

たいていの場合、神聖な場所は丘の上にあって、広くて美しいところだ。小さな森のなかに、塀に囲まれたりっぱな中庭があり、独特の装飾を施された門が付いている。中庭には参拝者のための講堂と神主の住まいがあり、庭園は感じよく飾られていて、そこに欠けているものは何もない。階段を登っていくと神殿へと通じているが、神殿は通常は小さく、支柱で組まれている。

また、どの家にも小さな神棚があり、花と二本のろうそくで飾られた祭壇がある。家庭祭壇には香と杯が供物として置かれ、毎日の朝晩に祈りが捧げられている。必要に応じて一日のうちのいつでも神社に行くことができ、帰るときには小銭を賽銭箱のなかに投げ入れ、公の祭事のための費用に当てている。

第三節　日本の祭祀

神への真の崇拝は清らかなこころのうちにあるのだが、外見上もあらゆる不浄なものから離れて、純粋なこころを保つようにしなければならない。邪悪な話や淫らな話に耳を傾けるもの、死体に触れるもの、血に汚されたもの、家畜の肉を貪るもの、こうしたものはすべて汚れている。汚れたものが神にふさわしいものとして仲間のところに戻るには、一定の清めが必要となる。民族宗教としての神道は、とりわけて偉大な種族の長や国民の英雄の霊を祭ることにかかわり、それによって人はまた死者の霊を静めることになる。

祭りは大がかりなもので、芝居がかった祝祭行列となって催される。とくにそれは有名な神社への参詣となって今でも残っている。神社への参詣には十分な用意が必要であり、霊場まわりのあいだ信者は宗教上の修行といって苦行を強いられる。おもな参詣地は伊勢地方の宇治《うじ》にある神社(57)となっている。

以上が神道についての説明であるが、評価のほうは各人に委ねたいと思う。ある歴史家は神道をあしざまにけなしているし、神道をとくに悪く言っている人もいる。神道は天国と地獄についての理解を、彼岸における褒美と処罰にふさわしい場所として一度も提示したことがないのだという。もしもこれが神道の欠点であるならば、納得することもできるだろうが、シーボルトがはっきりと認めているように(58)、神道は死後における幸福な場所と不幸な場所を想定してもいる。

第四節　儒教、仏教、神道

ところで、多くの教養ある日本人が認めているように、日本人は、紀元前数百年から続く中国文化を受け入れたばかりか、孔子(59)の道徳宗教をも受け入れていた。私たちのドイツでいえば、公的には国民宗教を信じている人が私的にはカント哲学の信奉者であるのと同じようなものである。このようにして生まれた合理的な宗教が日本の神道である。

紀元六世紀から七世紀にかけて、中国大陸と朝鮮半島から仏教が日本に伝わってきた。今日ではおそらく仏教が一番多くの信者を抱えているだろう。仏教とはアジアのカトリックとも呼ばれるように、美しく整えられた祭式でもって多くの人が思い描く願いをかなえてくれる。それればかりか、仏教が教える極端な諦念によって、面倒な状況に直面しても各人はみずからの生活を堪え忍ぶことができるようになっている。

仏教と神道は幾重にも、意識的にせよそうでないとしても、一つに融合してきた。日本人はみずからの国民宗教と仏教とのこうした結合を「両部《りょうぶ》神道」(60)と名づけていて、神に対して二重の礼拝を行っている。

第五章　日本の歴史(1)

第一節　日本の誕生

島国である日本には多くの山や谷がある。人々ははじめは離れて住んでいたが、移住することもできた。移住によってある程度は自立することもできたが、これとは逆に、一つのところに集まるようになったのは、国内からではなく国外から、多数の小国家が征服されていったことによる。

伝説によれば、征服者が南の島からやってきて九州に上陸したのだという。国境地域ではそれに先んじて、日本に移住してきた中国人によって文明化されていたが、およそ紀元前六六〇年に、神武《じんむ》(61)が日本各地の勢力を制圧していき、十年もの激しい戦いが続いたのち、ようやく日本国を樹立した。こうして日本は封建国家として成立したのである。

マレー人の君主に従属した領主たちは、形式的にはその国の領主であり続けたが、しかしその土地を封土として受け取っていたから、土地の占有は領主たちの君主への忠誠にもとづくものとなった。領主たちは納税の義務を負い、国軍への負担を引き受けなければならなかった。領域の平静を保つことが領主の責任であり、封土の数は全国に六百四十もあった。こうして絶対君主は、神々しさを意味する天皇（ミカド）という称号を受けて、大和の地で山をならし、そこに城を作って都とした。

第二節　日本史の第一期、第二期、第三期[62]

日本の歴史における第一期は、仲哀《ちゅうあい》天皇[63]が亡くなる紀元前二〇〇年までである。

第二期は、神功《じんぐう》皇后[64]による朝鮮との最初の戦いから欽明《きんめい》天皇[65]による仏教の導入まで、すなわち紀元前二〇一年から紀元五七二年までである。

第三期は、敏達《びたつ》天皇[66]のもとで仏教を導入してから、天皇により政治権力を行使する権限を与えられた、将軍の位を設立するまで、すなわち五七二年から一一八四年〔ママ〕までである。これは、後鳥羽《ごとば》天皇(67)が第八十二代の天皇として王位につくまでであり、孝徳《こうとく》天皇(68)の政治体制が確立する時期に当たっている。政権そのものは六四五年から六五四年までであるが、この政権が作り上げた統治機構は現在でもまだ続いている。

第三節　日本の八地方

孝徳天皇は、自然の地形から日本を八つの地方に分けた(69)。八は中国の八卦《はっけ》(70)の最初の文字だから、日本人にとっても神聖な数字だったのだろう。八つの地方はさらに六十八の国に分けられた(71)。私たちのドイツでは、国が州に分けられ、州が郡に分けられるのと同じである。

日本の八つの地方とは、（一）皇室領を含む五畿内、（二）東海道、（三）東山道、（四）北陸道、（五）山陰道、（六）山陽道、（七）南海道、（八）西海道である。

第四節　日本の八省

孝徳天皇は、住人の数と家屋の数を登録させ、土地の生産量を見積って租税を定めた。[72] そして、官吏の職位を定めて職務と賃金を決め、基地や弾倉を整備して軍隊を閲兵し、統治を八つの省に集約した。[73]

すなわち、（一）中核の省となる中務省《なかつかさしょう》、（二）立法と公教育を司る式部省、（三）内務を司る治部省、（四）国民の一般行政を司る民部省、（五）戦争を司る兵部省、（六）刑法上の犯罪を司る刑部省《ぎょうぶしょう》、（七）財政を司る大蔵省、（八）宮中を司る宮内省である。

こうした官僚制度からわかるように、日本の社会ではすでにその当時から、労働の分業が成立しており、市民社会が定着していた。それは、今日においてもまだ存続しているのである。

第六章　日本の身分制度

日本人の社会は、八つの身分に区別されている。[74]
身分は世襲のものだが、厳密な意味でカースト制度のようなものではない。[75]というのも、めったにはないが、ある身分から他の身分へと変わることもできるからである。

第一節　日本の八身分

あらゆる点で日本は中国に似ているが、身分の区分という点では中国とはまるっきり違う。中国には身分はなく、たんに位階があるにすぎないから、だれもが家族の一員として平等であり、職務の世襲が生じてこない。中国では、だれもが何にでもなれる、と考えられている。

日本の法では、いかなる例外も認められていない。日本には身分だけがあり、カースト制度がないことも、ここからわかる。身分がどんなに高くても低くても、同じように容赦するところがない。

軍隊制度からも、同じことが言える。兵役に就くのは十五歳からであるが、どの家庭からも一人の兵士を出す義務があるから、毎年のように兵士が強制的に呼び集められる。

さて、日本にある八つの身分とは、つぎのとおりである。

第二節　領　主

第一の身分は領主であり、国主すなわち国の主人である。領主のなかでもっとも身分が高いのは大名であり、つぎに身分が高いのは小名である。大名は天皇からじかに土地を与えられ、小名は将軍から土地を与えられている。

日本にはおおよそ二百もの領主がいて、固有の紋章を持ち、自分の居城と居所を持っている。軍隊はそれぞれ違った色の鎧をまとい、兵士の数は六万にも達するという。多くの小国家が分立したドイツ民族からすると、小さな領主の姿をありありと思い浮かべることができる。

小国でありながらもドイツの領主は、うらやましいほどの自由を持っているが、それに比べると日本の領主は、宮廷の中で君主への無数の礼儀作法を守るように強いられている。領主は目付に厳しく監視されているばかりか、定期的に上京しなければならないことになっている。

このために領主は、可能であれば速やかに、みずからの権限を息子や娘婿に譲り渡そうとする。このようにして家督を譲ることを隠居と呼んでいる。領主はたしかに世襲貴族ではあるが、父親は息子たちのなかから適任のものを後継者として選ぶこともできる。それどころかローマ皇帝のように、養子縁組によって後継者を決めることさえできるのである。

第三節　貴族と祭司

第二の身分は封建貴族であり、領主の家臣に当たる。封建家臣は貴人または旗本とも呼ばれている。

封建貴族はドイツの伯爵と男爵に相当していて、国主が将軍に仕えるように、封建貴族は国主に仕える。領主に招集された封建貴族は、領主の軍隊となって戦う義務を負っている。幕府は封建貴族の中から身分の高い役人を選び出して、老中、奉行、郡代、代官などに任命している。

第三の身分はあらゆる宗教団体の祭司である。

第四節　武士、官吏、医師

第四の身分は武士であり、侍である。侍は封建貴族の家来であって、国の防衛、沿岸の警備、貴族の警護に従事するのみならず、平時においては警察業務を担当する。したがって、どの村にもいくらかの武士がいる。

武士には、腰のところに二本の刀を差す特権が与えられている。刀の一本は長くて水平に差し、もう一本の刀は短くて下の方を向いている。祭司が神事を執り行っているとき、侍は武器を身に付けてはならないが、祭司が職務服を脱ぐやいなや、侍は刀を差してもよいことになっている。

武士が持つもう一つの特権は、袴という高価な生地でできた幅広の長ズボンをはくことができる、ということである。

第五の身分は下級官吏と医師である。彼らは大いに尊敬されており、宮廷への出入りと一本の帯刀が許されている。

第五節　商人、職人、芸人

第六の身分は卸売商人である。卸売商人は短い刀を持つ許可を金で買っているようなものである。見栄を張っているだけの貴族とは違って、卸売商人は、本来ならば日本のなかでもっとも裕福な人たちである。

第七の身分は小売商人、職人、芸人である。彼らはまた、さまざまな等級に区別される。たとえば、絵描きや金細工師は、鍛冶屋や大工よりもはるかに高い地位に入るものとされている。

第六節　農民と漁師

第八の身分は農民と日雇いの小作人、つまり簡単に言えば農奴であり、生活に困窮している人たちである。漁師や船乗りもここに数え入れられる。彼らは重い税を負担している。

第七節　賤　民

右に述べた八つの階級から、革職人となめし工は完全に排除されている。なぜなら彼らは、動物を殺したり、死んだ動物に触れたりすることで、神道の教義により、仏教の教義によるのと同じように、汚れていると考えられるからである。

村のなかでも、革職人となめし工だけは離れたところで暮らしている。宿屋が彼らを迎え入れることはないし、だれもが彼らを忌み嫌っている。

革職人となめし工は、日本社会の中の呪われた階級で、まるでいないかのようにみなされている。彼らが住んでいる土地は測量されることもないし、駕籠や乗物でその土地を通っても料金を支払う必要はない。(76) 彼らは住民の中には入っていないからである。

また、それに加えて世襲隷属民である下人は、戦争で捕らえられた者の子孫と考えられている。

以上のような日本社会の秩序は、七世紀には形成され、今日にいたるまで基本的にはずっと存続している。

第七章　日本の歴史(2)

第一節　日本史の第四期

日本史の第四期に起こったもっとも重大な変化は、国の主権が天皇と将軍の二つに分かれたことである。天皇は内裏であり、宮殿すなわち宮廷を指す。将軍は公方であり、すなわち大将を意味している。どちらも「様」という敬称を付けて呼ばれる。

国の主権が天皇と将軍に分離したのは、フランク王国の宮宰《きゅうさい》(77)がたどった分離の起源にとてもよく似ていた。

第二節　将軍の誕生

一一八六年、天皇が未成年であったとき、主権の分離が始まった。未成年であった天皇に代わって、源《みなもと》頼朝《のよりとも》(78)は政権の主導権を握って最初の将軍になった。すなわち、彼はたんに軍隊の最高指揮官になったのではなく、国家権力全体の統率者になったのだった。

摂政制は頼朝以前にもすでにあったのだが、しかし頼朝とともに摂政宮の地位が世襲職となった。その結果、私たちはここから、日本の歴史のなかでつねに並び立つ二人の支配者の名まえを覚えなければならなくなった。もちろん個々の場合に、二人の支配者が並び立っているというわけではないが。

第八十三代の天皇(79)は内裏として生まれた最初の天皇だった。彼は一一一九年に王位につき、一二〇二年に亡くなった。そして一五八五年に、太閤様《たいこうさま》(80)が将軍という位階のもつ統治機能を完成した。

将軍も最初は京都に住んでいたが、十五世紀からは居城を隅田川の河口に定めて江戸に移った。江戸とは河口という意味である。将軍は天皇をいつもうやうやしく訪問していたが、かつてそのような機会に一度、天皇が将軍へ矢を放つそぶりを示したので、以後の訪問は取り止めになった。それ以来、二人の支配者は使節を送るだけになってしまった。

第三節　天皇の地位

将軍の地位はそれ自体ではっきりしているが、しかし天皇である内裏の地位はどうだろうか。私たちはしばしばローマ法王の位階にたとえるのだが、天皇の地位は実のところ生まれながらの聖職者のようなものだ。

あらゆる宗教的な事柄は天皇のなかに具現していて、天皇の宮廷は、宗教上の会議であると同時に、学問上の会議でもある。宗教、芸術、文学にかかわることはすべて天皇のところに集中し、政治、行政、軍事にかかわることはすべて将軍のところに集中している。

天皇は神武の子孫とみなされ、神話によれば、神武は天照大神《あまてらすおおみかみ》(81)の系統を引いているから神とみなされている。天皇は後宮に十二人の女性(82)を抱えており、自分の子どもを後継者にしている。この点でローマ法王(83)とは異なっている。

天皇は地上の神のごとく巨大な宮殿で暮らしている。天皇は京都の宮殿で生まれて、そこで死んでいくのであり、天皇が宮殿を離れることはない[84]。天皇の足が地面に触れることはなく、宮殿の庭でも持ち抱えられて運ばれていく。寝ているときにだけ天皇の頭髪を切ることが許され、ヒゲを剃ることが許される[85]。もちろん天皇は寝ているふりをしているだけだろうが。

第四節　天皇の権威

かつての天皇はみずからの神通力で世界の安定を保つために、毎日礼服を着て何時間もじっと玉座に座っていなければならなかった。しかし今では実際にはより安易で、同じ効果のある方法として天皇の王冠を玉座に置いておくだけでよい[86]。

天皇が身に付ける着物はすべて新しいものでなければならず、食事のために使われた器や天皇が食べるための皿はどれも、そのたびに割られて新しいものに取り替えられる[87]。

強大な近衛兵が天皇を守っているのも、それは同時に、将軍が天皇を縛り付けるために置いたものである[88]。このように天皇は物理的な力で権力を奪われたものの、偉大な精神的威力を振るっている。というのも、形式的には将軍の任命も国家制度の変更もすべて天皇の命によるものだからである。

とりわけ、天皇は宗教上の信仰すべてにかかわる正統な権威であり、日本においては、国民があらゆる偏見を免れているにしても、信仰に元から寛容であるとしても、天皇はなおも十分に偉大だからである。天皇は宗教上の争点となる問題に判断を下して、たえず僧侶や尼僧を律する教団の責任者となる。

第五節　将軍の権力

将軍も実のところは天皇と同じように無力なのである。というのも、実権は幕府の手のうちにあるからで、シーボルトによれば[89]、幕府は十三人から構成されていて、一部は大名の家系から、一部は貴族から、一部は文部と警察の高官から選出されている。幕府の長を務める大老がつねに井伊《いい》掃部《かもん》頭《のかみ》[90]の子孫であるのは、その地位を得るために将軍家に大いに貢献した大臣の子孫だからである。

幕府は外交政策を司り、断固たる措置を取ってあらゆる職務を仕切り、既存の法のすべての欠陥を補って、疑わしい判決であればどれも破棄することができる。

幕府と将軍とのあいだで意見が一致しないときには、三人の大名からなる会議によって協議される。三人の中には将軍の実子か婿養子のいずれかが入っている。最高会議の決定が将軍の拒否権に反して下されると、将軍はすぐにも退位しなければならない。会議の決定にはいかなる反対もなされないのである。[91]

逆に、幕府の意向に反する会議の決定が下されると、今度は、幕府の中で争いが生じて自決を余儀なくされることもある。これはときおり幕府の中の反対派にも起こることである。

ここには、天皇や将軍と並んで、第三の政治権力として幕府の大老がいることがわかる。しかし基本は寡頭制であるから、もう一つの権力である最高会議によって幕府が十分に機能していないこともわかる。

このように政治権力がもとから制限されているため、天皇が京都の宮殿にいるように、将軍も江戸の城に住んでいても、めったに城を離れることはできない。天皇が京都にいるのと同じように、将軍は江戸にいるだけであって、精神的な支えとしての中身もなく、形式的な代表として細かな義務に縛り付けられているだけである。

第六節　日本の国家体制

天皇と将軍はたがいに相手を信頼してはいない。不信の関係はさまざまな組織にも広がっていき、残念ながら日本の国家体制のすべての要素に入り込んでいる。

直轄地の地方や都市には、それぞれ二人の役人がいて、一年ごとに交代して、一人が国の中心である江戸にいれば、もう一人は地方の地にいることになっている。それに加えて、家族は人質として江戸に留め置かれている。

大名自身も、二年ごとに一年、または一年ごとに六か月、江戸に住むことを義務づけられている。大名の領地が隣り合っている場合には、たがいに敵対し合っているときにだけ、同時に帰郷してもよいことになっている。

江戸の大名たちは、くだらない礼儀作法によって、起きる時間から寝る時間まで決められていて、まるで巧妙なおりのなかに閉じ込められているようだ。(92) 城で行われる盛大な祝宴の費用を大名は負担せざるをえず、この負担によって財源を使い果たして没落していく。

にもかかわらず、大名の財力が有り余っていれば、将軍が江戸にある大名の御殿を訪問することで、大名は光栄に浴する代わりに、厳格に定められた接待のために過剰な出費を負担しなければならない。あるいは、天皇が宮殿で大名に位階を授与することで、大名は叙任のために自分の財産を使い果たすことにならざるをえない。

第八章　日本の歴史(3)

第一節　日本史の第五期

日本の歴史における第五期は、一六三二年に源《みなもとの》家康《いえやす》が(93)第三十二代(94)の将軍として即位してからまだ続いている、現在の体制である。第五期は絶対的な中央集権の期間であって、この期間に封建国家は法治国家へと形成されていった。国家は社会の中の多様な身分を法の平等に従わせながら、目に見えない監視機能を作り上げて警察国家として完成した。警察の絶対的な支配がなかったならば、鎖国を完遂することもできなかったであろう。

鎖国へのきっかけはイエズス会士によってもたらされたのだが、すでに述べたように、かつての日本はすべての国に開かれていて、日本からの使節はポルトガルやスペインにも来ていた。

日本の勇敢な兵士たちは、ヨーロッパで雇われているスイス人のように、中央アジアで雇われてもいた。

第二節　キリスト教の普及

信仰という点では、日本ではどのような宗教もこれまで自由であったし、今でもまだ自由である。信仰は市民の政治姿勢とは別のものであるから、日本人は信仰を好きなように変えることができる。日本における宗教上の争いはすべて、議論をするための理屈にすぎない。したがって、同一の家族であっても、各人が異なった宗派に属していることもあり、これによって家族の調和が乱されることはない(95)。

キリスト教も制限されることなく広まっていたし、ザビエル(96)が布教を開始してから十七世紀の初めまでの短い期間に、キリスト教は広く普及して、四百万人(97)の信者を数えるまでになった。

太閤の豊臣秀吉は一人息子である豊臣秀頼《とよとみひでより》(98)がまだ六歳のときに亡くなったのだが、三河守《みかわのかみ》(99)を後見人に任命していたにもかかわらず、三河守は裏切って守るべき秀頼を攻撃してきた。このときイエズス会が秀頼に味方をしたのは、秀頼側が勝ってカトリックに改宗することを望

んだからである。(100)

ところが、三河守が勝って秀頼が一六〇八年に大阪で亡くなり、それ以来、キリスト教徒は政治団体とみなされて容赦なく扱われるようになった。

第三節　キリスト教の弾圧

一六一一年に始まったキリスト教徒の迫害は台徳院《たいとくいん》(101)によって徹底され、一六三七年には、プロテスタントのオランダ人はカトリックを迫害していた徳川側を支援するにいたった。一六三八年四月十二日には、三万六千人ものキリスト教徒が立てこもって激しく抵抗していた島原の要塞も、オランダ人の力を借りてついには奪還された。(102)

このときからキリスト教はいっさい禁止され、キリスト教徒であるというだけで処刑されるようになった。そして一六四〇年には、日本にはもはや一人のキリスト教徒もいなくなった。

その代わりにオランダ人には、長崎湾に人工的に築かれた小さな出島で貿易をする特権が与えられた。長崎では毎年のように見回りのうえで取り調べが行われ、すべての住民がキリストとマリアの像を踏むように強制され、だれひとりキリスト教に改宗していないことが確かめられた。

キリスト教に対するこうした恐るべき措置のために、日本人はしばしば非難されてきた。しかしこの非難が正当なものとは到底思えない。なぜなら、イエズス会士たちは、政治的な支援をしたがゆえに日本の内戦に加担することになったのであり、[103] その結果として、みずからに対する残虐な措置を呼び起こすことになったからである。

キリスト教徒はしばしば、イスラム教徒や異教徒に寛容を期待してくるのだが、それ以上に、同じキリスト教徒が異なる考えを持っていたり、遠く離れている場合には、キリスト教徒に対してさえも寛容であることを要求してくる。

第四節　日本の鎖国

さて、かの恐るべき結末[104]が起きてから日本は意識的に孤立するようになった。日本はベンガル[105]にまで船を送っていたのだが、外国との貿易をオランダと中国に制限して最小限度にまでとどめた。というのも、中国とオランダが送ってくる貿易船は毎年たったの十隻だけであり、輸出物の量も質も正確に決められていたからである。

オランダ人は貿易を独占するために、まったく価値のない屈辱的な条件をも受け入れざるをえなかった。このことはすでにケンペルによって伝えられていたが、(106) アメリカと日本との取引においても当てはまることが、今でははっきりと証明されたのである。

ここで注目すべきは、日本人は二百年もの長いあいだに無気力だったのではなく、むしろきわめて活発であり、進歩を続けていたということである。これは直接的には、日本人が暮らす自然条件によってもたらされた結果であるといえる。

日本の自然は、内にあっては火山の噴火がつねに地震とともに人々を脅かし、外からは、たえずうねり狂う海の波が押し寄せてきて船乗りの勇気を奮い起こしたように、国民を沈滞のうちへと沈め込むことはなかった。

自然のもたらすさまざまな産物はあらゆる地方に行き渡り、国内での交易を活発にしていたし、異なる風景のもつ美しさが人々を旅へと誘っていた。国土は十分に肥えていて三千万人を超える国民を養うことができたのだが、そのためには手厚い手入れと、とてつもない作業が必要だったのである。

第五節　中国とオランダ

ただし、日本人のもつ高度な文化は、間接的には中国やオランダとの結びつきによるものであって、日本人に開化したヨーロッパ文明を伝えたのはすべてオランダ人であった[107]。日本人はもとから勉強熱心で、中国人のもつ偏狭なうぬぼれを免れていたのである。

オランダ人は、日本人に鉱業や戦術や天文や技術などについての重要な作品を、オランダ語で書かれた作品かオランダ語に訳された作品によって伝えていた。そして、日本の学者たちは協力してこれらの作品を日本語に翻訳して出版し[108]、国民の共有財産にしようとした。ラプラスの『天体力学』が日本語に翻訳されていたのもこのためである[109]。

高位の役人たちはすべて、オランダ語を学ばなければならなかった。日本の将軍は一度、オランダ国王ウィレム二世[110]あてに、自筆でオランダ語の手紙を送ったことがある。公式な手紙のなかで将軍は、オランダ国王にオランダ海軍の臼砲と火薬工場の模型を送るように求めた。

このようにして日本人は知識を求め、鎖国のなかにあっても、ほとんどただ同然で知識を得ていたのである。

第六節　西洋文明の導入

日本の役人たちは、アメリカ人やイギリス人が驚くほど、世界地図を使いこなして方位を確かめることができたし、重大な出来事にかかわるすべての情報を与えられてもいた。日本人が尋ねたのはたとえば、鉄道計画がメキシコの北方で、大西洋から太平洋まで実現するのかどうかということだった。

日本人は、エリクソン(111)の熱機関をよく知ってはいたが、しかしそれを大規模な形で実用化しようとは思わなかった。幕府は、現時点でどれほどの進歩が成し遂げられているのかがわかってはいたが、多くの進歩が実現するのを歓迎してはいなかったのである。

幕府は、オランダ人がもたらした搾油機の実現を検討しながらも、それによって日本のやり方(112)で油を搾っている数千人の手工業者の仕事がなくなり、彼らが窮地に陥るのではないかと心配していた。そこで幕府は、搾油機の導入をあきらめることにしたし、少なくともそれを延期することにしたのである。

第九章　日本の文化

日本の文化制度の中で今の日本人を描き出すのはとても難しく、もしそれをやろうとすると、かなり広範な作業が必要とされるだろう。日本の文化制度については、一般的に述べるだけで十分であって、本質的には、中国文化の流れを汲むものと認められる。

第一節　中国文化の加工

ただし、ここで強調しておきたいのは、一つの特徴としてではあるが、日本人にもある程度の独自性が認められるということである。独創的な発明を日本人に求めてはいけないが、東洋の中では日本人は実践的で、かつ現実的なのであって、中国の文化に手を加えて、それを完璧なものに近づけたのである。

日本人が伝えているところでは、第十六代の天皇である応神天皇《おうじん》(113)のときに、中国人の王任《わに》(114)が、紀元二八五年に朝鮮から日本に中国語の文献をもたらしたのだという。それ以来、たくさんの日本人が中国に向かい、学問を学び、芸術を身につけて帰ってきた。日本人はこのようにして中国の文字をも取り入れてきたのである。

第二節　日本の文字

たしかに、日本の文字は中国語の形をしているが、中国語が表意文字であるのに対して、日本語は表音文字である。

七一三年に日本の使節を中国へと引き連れていった吉備朝臣《きびのあそん》(115)は、インドのアルファベットである四十七文字のデーバナーガリー文字(116)を日本へもたらすとともに、四十八文字からなる日本の文字を考え出した。カタカナ(117)としてその後よく知られるようになるこの文字は、音を表記するために用いられた単位であり、日本語のもっている文法の形と独特の語順を特徴づけるものである。

そして、七七四年の吉備の死から一年後、弘法《こうぼう》(118)という日本の仏僧はそこから、新しいアルファベットであるひらがなを作り出した。(119)日本語のひらがなは、中国語の文字と混じることなく書かれ、しかも上から下へ、右から左へと書くこともできる。日本では、漢字・カタカナ・ひらがなの三つの文字がすべて使われている。

本を印刷するときには通常、中国と同じように、文字は鉛版で印刷され、図は木版で印刷される。しかし日本人は、中国にはまだなかった色刷りという偉業を成し遂げているから、中国よりもより高い段階に達していたといえる。

一八二二年の江戸では、八つ折り判で七巻からなる貨幣研究の本が、幕府によって編纂されている。(120)その中には、五百五十もの新旧の硬貨が描かれ、多色刷りの図解によって解説されている。

第三節　日本の教育

ところで、日本の教育は、すべての人のための基礎的な教育と、社会の限られた階層のための高度な教育とに分かれている。(121)

基礎的な教育とは、読み・書き・計算、日本の地理と歴史、ならびに体育のことである。日本人はだれでも読むことができ、ゴロウニンが伝えているところでは、(122) カルタやサイコロが公には禁止されていたから、見張りをしている武士は、本を読んで楽しんでいたという。それに対して高度な教育とは、舞踏、剣術、絵画、音楽であり、そして腹切り、つまり切腹の伝授である。

第十章　日本の司法

第一節　切腹の慣習

中国と同じように日本でも、自殺が一つの慣習として容認されている。自殺とは、最悪の事態に陥らないための手段であり、解決できない難問を単純な仕方で処理するための手段と考えられている。

国家が執行する死刑であれば、罪人の財産は押収され、その家族は非難されることになろうが、自殺してしまえば、これらの結末を未然に防ぐことができるというわけである(123)。したがって、いかなる場合に男子たるものは切腹すべきなのかが教えられている。名誉を重んじる日本人が、切腹をするために刀を携えているのもそのためである。

自殺が法によって認められているとしても、それは自分の財産や名誉を守るためになされるだけではない。また、敵を討つことで復讐を果たすときや、殺人者に与えられるであろう死刑をみずからの手で下すときにだけ、自殺がなされるのでもない。たとえば、牢獄のなかで命が尽きたという話を作り上げるときにも、あるいは、名誉が傷つけられたがゆえに、もはや生きてはいられないと思ったときにも、合法的な自殺がなされるのである。

切腹は、しばしば家族全員の立ち会いの下で厳かに執り行われ、場合によっては、ずっと伏せられたままでいる。日本人は幼いころから腹を切るという発想に慣れているので、切腹の慣習にもはや恐れを抱いていないように見える。

第二節　日本の司法制度

日本では、司法判断を下すさいに事実と動機を区別することはない。だから、事情によって罪を軽くすることもない。たとえば、罪人が逃亡すると、たとえ責任がなかったとしても看守は死刑に処せられるし、馬車の御者が人をひいて死なせようものなら、御者は殺人を犯した者とみなされて処刑される。

刑罰には禁足、投獄、棒刑、斬首刑があり、さらには、磔刑、火刑などもある。[124] しかし、罰金刑だけはない。なぜなら、罰金刑は金持ちに不当な優位を与えることになると考えられているからである。

法律は厳格なものであっても、実際のところでは、非情な仕打ちは和らげられている。国家に対する違反行為でなければ、被害者が訴え出なければならないし、裁判の手続きには費用がかかるので、しばしば訴えがなされないままで終わる。したがって、犯行によってもたらされた損害が刑事上の損害に当たる場合のみ、犯罪人とされるわけである。

市民同士の争いであれば、まずは仲裁人による調停が試みられ、乙名《おとな》[125]という町役人の前で行政上の仲裁がなされる。裁判手続きは公開で行われ、厳かに執り行われる。司法は当事者の地位や人柄で判断することはない。[126] 公正な意識は日本人に尊厳と信頼を与えており、中国人との違いを際立たせている。日本ではよく知られているように、法の枠内で行動しているかぎり、恣意的な方法で他人に手出しをすることはできないのである。

そのうえ、どの町にも目安箱[127]が置かれていて、二人の役人に見張られている。目安箱にはだれもが具体的な陳情を書いて投函することができる。だが、自分の名まえと住所だけは書かなければならず、匿名での投函は考慮されない。ただし、同じ投函が長い期間に何度も繰り返し行われるならば、匿名での申し立ても考慮される。目安箱は二か月おきに開かれ、投函された手紙は江戸に送られて厳密に吟味される。うその告発であることがわかると、告発人は死をもって罰せられる。

第三節　日本の行政組織

合理的で合法的な仕方で権力を集中して、官僚的な権力集中を維持するために、行政組織が最高度に発達している。各人の挙動が監視され、すべての人がすべての人を監視する仕組みになっている。

どの家の家主もまずは家人の責任を負っていて、そして、五つの家が一つの組を作り、一人の組頭を選び出して、組頭が五人組(128)の責任を負うことになっている。罪を犯したことはないという家主の証明がなければ、だれも自分の場所を離れたり、別の町に移り住んだり、ほかの組に入ったりすることはできない。

どの通りにも頭《かしら》(129)と呼ばれる組頭が立っていて監視している。イギリスの警官のように腰には刀を差して、固い警棒(130)でときには人を殴ったりもしている。アメリカ人が実際に見たのは、彼らが上陸したときに日本人の群衆が押し寄せてきて混乱したので、この警棒が日本人のはげ頭にたたきつけられるようすであった。

頭はまた、すでに述べた、町役人に当たる乙名の下に位置づけられる。乙名はまた、ドイツの警視に相当する御番上使(131)の下に位置づけられる。乙名には権限があって、頭が訴えてきた罪人をつれて来させたり、小さな犯罪の場合には、その罪人をひそかに罰したりすることもできた。これによって名誉を公に損なうこともなく、このように表向きにしないで手続きを済ませることを内聞《ないぶん》といった(132)。

第四節　国内の治安

夜になると、どの通りも格子門で遮断され、見張りが立てられる。乙名からの許可証を持ったものだけが、夜も出歩くことが許された。ただし提灯を持たないものは出歩いてはならず、夜にもかかわらず提灯を持たずに歩いているとすぐに逮捕されてしまう。

総じてこうした制度によって財産はとても安全に保たれている。犯罪人が隠れることのできる場所はどこにもない。日本では家を空けたままにしておけるし、家から出たままであることもできる。そうかといって盗みに入られる心配もない。

法は国民の行動に厳格に適用されており、幕府は法についての正確な知識が人々に行き渡るように配慮している。法はまず口頭で広く告げられ、そして印刷物によって知らされる。公共の場では、とくにそのために定められた場所に掲示がなされる。[133] また、小さな村にも掲示がなされている。だれもが読んだり書いたりすることができるから、法を知らなかったといって許してもらうことはできない。

日本人はとても節度があって控えめである。日本人が自分をうまく抑えることができるのも、責任感が強くて、早くから細心の注意を怠らず、自分自身を律することに慣れていたからである。

第十一章　日本の風俗

第一節　性　愛

日本を訪れたことのある人が、ただ一つ残念なものとして伝えているのは、日本人があまりにも開放的であるという点だろう。それは性愛という場面でのことであって、二つの施設が関係しているように思われる。二つの施設とは、一つは公衆浴場であり、もう一つは茶屋である。

第二節　公衆浴場

海の近くに住む人が海水浴を好むのは自然の理にかなっている。イギリス人が見たのは、どの村でも海辺の住民が年齢や性別の違いなく、笑い声をあげて浜辺で踊ったり、歓声をあげて砕け散る波に飛び込んだりする光景だった。

日本は火山の国だから、たくさんの温泉があるし、温泉が出るのだから、熱い風呂に入る習慣もある。裕福なものは自宅で入浴し、貧しいものは公衆浴場に行く。老若男女を問わず、わずかな料金で公衆浴場に行き、真っ裸になって入浴している。(134)

公衆浴場にはアメリカ人やイギリス人も行くことができたので、ハイネは浴場のようすを描写している。(135) イギリス人の将校は浴場の光景にとても好奇心があったようで、彼の描写は、彼自身が断言しているように、鋭い観察の後につぎのようなことばで締めくくられている。

「入浴の所作はすべて真っ裸で行われ、しわだらけの老人やはつらつとした少女が、恥ずかしげもなく年寄りや男たちや陽気な子どもたちに囲まれて、押し合いへし合いしているのが見られる。それにもかかわらず、そこには上品な会合やサロンでのみ見られる礼儀と静けさと秩序が支配しているのである。」

第三節　茶　屋

茶屋はたいてい美しい庭に囲まれており、大きな町では宮殿のように豪勢に建てられていて憩いの場となっている。茶屋の中では、お茶や酒、焼酎などを飲んだり、おしゃべりをしたり、タバコを吸ったり、将棋や囲碁をしたりしている。または、音楽を聞いたり、踊りを見て楽しんだり、娼婦と遊んだりもしている(136)。

そのような茶屋の経営者は、若い娘を連れてきては契約を結ばせ、娘たちに上品な身のこなしやさまざまな芸、絵や歌や踊りを学ばせている。

そもそもは娘の両親が取るに足りない金のために、欲にかられて自分の娘を売り飛ばしたのだが、しかし、そのような不幸な娘がついに義務から解放されても、娘にかつての事情を思い出させてはいけない。大事なのはすべて、今その娘がどのような尊厳を取り戻したいのかということである。娘たちのなかには結婚するものも多いが、物乞いをしてまわる托鉢尼となるのも多い。

第四節　売春の黙認

かつての日本では、売春が法的に認められていて、幕府は軍隊の慰安のために売春を許可していた[137]。現在でも幕府は、人口がさらに増加するのを防ぐために売春を黙認している。茶屋を訪れるのは一般的であり、名誉を汚したりはしない[138]。男たちは婦人を同伴して茶屋を訪れ、会話や音楽や舞踏を楽しんでいる[139]。

アメリカ人やイギリス人は、港では売春が広まっていると語っているが、港町や都市の状況から国民全体の習俗を結論づけることはできない。たとえばそれは、日本人がハンブルクに上陸して、ミラーン門前のハンブルガーベルク[140]を訪れ、そこで見られる光景をハンブルク全体に当てはめたり、それどころかドイツ国民一般に当てはめたりするのと同じことであろう。

この点について日本人は正しく理解しているが、日本については多くのことが誇張して語られているように見える。

第五節　日本の婚姻制度

日本では結婚は神聖なものと考えられているから、不貞行為は泥棒と同じくらいに少ない。結婚は法に従った民事婚である。(141) 民事上の契約に続いて、神社での式典、寺の戸籍簿への登録がある。これらを通じて夫婦として共同体のなかに受け入れられる。雄蝶《おちょう》と雌蝶《めちょう》の格好をした二人の子どもに導かれて、(142) 新婦は祭壇に供えてある火で自分の松明に火を付け、新郎は新婦の火で自分の松明に火を付ける。(143) これに続いて神主が二人に祝福を与え、二人が夫婦になったことを公に宣言する。

離婚の原因になるのは妻の不妊と妻の不貞であるが、それとは別に、夫は妻をその他の理由から追い出すこともできる。しかしそのときにも、生涯にわたって身分にふさわしい生活を送れるように面倒を見なければならない。また、扶養できる範囲内で、正妻のほかに妻妾を置いてもよいことになっている。(144)

女性は法廷で証言することはできないし、(145) すべてにおいて妻は夫に依存しているとしても、家のなかでは家政の主人であり、夫といっしょに食事をとっている。東洋の女性には認められたことがないほど、日本の女性は自由に振る舞っていて、中国の女性のように纏足《てんそく》(146)させられてはいないので、自由に歩き回ることができる。

第十二章　日本の建築

第一節　地震と火事

日本の家は木造であって、荒石の上に建てられている。地震が頻繁に起こるので、石造りの家は実用的ではない。同じ理由から、土木監督署は家の高さを三十フィート(147)以下と定めている。日本では二階建て以上の家はめったになく、たとえあったとしても、人は下の階に住んでいて、上の階は物置部屋になっている。(148)どの家にも高価な物を保管するための石造りの蔵がある。(149)家畜小屋と穀物倉庫にはしっくいが塗られている。商人の持つ穀物倉庫は町の外にあって、すべて石で作られている。大火事がいたるところで頻繁に起きているので、商品はほんの一部だけが店に並べられている。それというのも、日本には暖炉がなく、床の上に置いた大きな火鉢で部屋を暖めるからである。

ハイネは江戸湾に停泊しているとき、毎夜のように水平線が炎で赤く染まっているのが見られたという。(150) このために、いたるところに消火設備が整えられている。行政組織が自前の消防団である火消《ひけし》(151)を持っているのも、ドイツの大都市に消防団が導入されたのと同じ理由からである。

そこで役人たちは、仕事のときに着る制服、死んだときに着る白装束、火事のときに着る火事装束(152)というように、三つの服を持っていて、旅行のときにも携帯している。(153)

第二節　日本の住宅

家の中には仕切りとなる襖《ふすま》があって、溝にはめ込まれたいくつもの仕切りが移動できるようになっている。この仕切りで簡単に一つの部屋をいくつにも区切ったり、いくつもの部屋を一つにしたりすることができる。(154) 共同生活をするための利点がはっきりと現れている実例である。持ち運びができるように軽めの長いすや鏡に家具を限るよりも、むしろこのほうが実際には移動しやすいだろう。

床には畳が敷かれていて、ぴったりとはめ込まれている。畳の大きさは全国のどこでも同じ大きさになっている。[155]畳の上で寝るときには、絹の袋に綿を詰め込んだ布団を上から掛けて、詰め物をした三角形の枕の上に頭をのせている。[156]そのうえ金持ちのところでは、枕はかみそりやくしや髪油などの洗面道具を入れる箱にもなっているから、旅行にも持っていけるようになっている。

第三節　日本の都市

木造の建物であるために、その必然的な結果として、都市がとてつもなく拡大していった。日本には一万三千もの町があるが、そのなかでもっとも重要な都市は京都である。京都は日本一美しく神聖な場所にあり、国を治める宗教上の聖地となっている。江戸は江戸と呼ばれる湾に面してあり、大坂は都の南東にあって海に面した最大の商業都市であり、商工業の中心地であり、豪勢な歓楽街の中心地である。

京都は日本人のローマ、江戸は日本人のパリ、大坂は日本人のロンドンと呼んでもよい。これらの都市はいずれも数平方マイルの広さを持っている。とくに大坂には多くの人が密集して住んでいるので、交通が麻痺しないようにと八万人もの部隊が配備されている。都市部では、道路はまっすぐに走り直角に交わっている。通りは広くてきれいな石が敷き詰められ、毎日二回の掃除がなされ、この上ない清潔さが保たれている。

第四節　街道と肥だめ

家の中では、手間暇をかけて植物や動物から堆肥が作られている。というのも、農作のためにたくさんの肥料が必要とされるからである。動植物から作られた肥料は、ヨーロッパでは無駄を嫌う農民だけが使うものなのだが、日本では広くありがたがられている。

そこで日本では、動植物の堆肥が集められるようにと、大きな桶が町中の十字路や通りの隅に置かれている。それどころか、街道やわき道のくぼみにも据えられていて、あらゆる排泄物が入れられるようになっている。肥料のなかでも液状のものが好まれるから、これらの桶は排泄という自然の欲求を満たすためにも用いられている。(157)

通行人は、日本人独特の落ち着きと自然な振る舞いでもって、これらの桶を使用している。日本人とは何と奇妙な国民なのだろうか。日本人の鼻は敏感ではなさそうだが、肌については極度のきれい好きであるように見える。ハイネが伝えているように、[158] どの家のお手洗いにも手拭いが置かれていて、実直に暮らしているのがよくわかる。

第五節　交通と通信

数百年もまえから、日本国内の交通量は相当なものだった。驚くべきことではないが、日本にもりっぱな街道がある。広い街道には木々が植えられ、一里塚[159]が築かれ江戸からの距離がわかるようになっている。街道に沿って村が延びていて、通りを挟んで家々が向かい合って並んでいる。古代ペルーのように、[160] 岩山を越える階段状の道が続いている。

ヨーロッパでは大都市でのみ見られることだが、日本の街道はたえず人でごった返している。街道のいたるところに旅籠屋《はたごや》[161]があって、みごとな庭が旅人を招き寄せている。二ドイツ・マイルの距離ごとに宿駅[162]があり、決まった料金を払えば馬か駕籠かきを交換することもできる。駕籠というのは、ドイツではまだドレスデン[163]で見られる類いのもので、乗物[164]と呼ばれていた。そして、十字路には道しるべが設置されている。

海岸の危険な場所には日中の航行のために特別なしるしが立てられている。夜間の航行のためにはのろしが上げられるのだが、場合によって合図ののろしは、幕府によって通信手段としても用いられている。山の多い国にあっては遠隔通信のための有効な手段なのだろう。

郵便制度は全国に行き渡り、幕府によって滞りなく管理され、手紙や送金などの郵便業務が行われている。また、水路と橋の建設は驚くほどの完成度に達している。

第十三章　日本の産業

第一節　商業と貨幣

幕府は商品価格の動向を予想して、みずから商業新聞を発行している。とくに農業新聞では、田んぼや畑の状態、生育や成長についての情報を、種まきの日から刈り入れの日まで継続的に、かつ正確に伝えている。

為替手形と債務証書は、幕府のもとで監督保護されている。貨幣には金貨・銀貨・銅貨があり、楕円形をしていて、中央にひもを通す穴が開いている。硬貨は打ち付けて作るのではなく型に流し込んで作るのだが、(165) 天皇の紋、花の紋、三つ葉の桐紋、菊の紋などが、とても上手に施されている。

これとは別に、小さな藩は財政難に陥ったために紙幣[166]を発行したのだが、紙幣はまったく価値のないものとなってしまった。紙幣の偽造は死刑になるものとの警告がなされており、偽造されないようにかなり精巧に作られている。

第二節　高度な工業技術

日本の工業がどれほど高度なものであるのかはよく知られているから、この限られた描写のなかで語るのは余計なことであるように思われる。

日本の工業は、絹物の製造においては、中国と同じレベルというわけではないが、しかしその他の分野では、中国の技術を越えている。陶磁器の製造、透けるように美しい漆器[167]、家具の製作、むしろ作り、竹や米から作った通草紙《つうそうし》[168]、刃物などは、どの国よりもすぐれている。

日本の工場には、コンパス、温度計、気圧計、望遠鏡、時計、銃などが、必要にして十分に備えられている。ハイネが説明しているように[169]、アメリカ人が日本の将軍に電信装置と鉄道模型を贈ったとき、幕府の役人はすぐにもこれらを書き留めた。文化を振興するために、こうした貴重な知識をすべての日本人で共有しようとしたのである。

第十四章　日本人の社交

第一節　日本の娯楽

日本は島国であり、封建主義の国であり、既成の法や古くからの慣習に従う保守主義の国である。ここから、日本人は東洋のイギリス人と呼ばれてきた。しかし他方ではまた、それと同じくらいに、日本人を東洋のフランス人と呼ぶこともできる。というのも日本人は、きわめて礼儀正しくはあっても、しかめっつらをした中国人のように極端な形式主義に陥いるのではなくて、非常に社交的で明るく機知に富んでいるからである。

社会のなかで女性に許されている自由は、日本人の持つ社交性に間違いなく多大の貢献をなしている。外国からの客が例外なく日本人の娘や婦人を、かわいらしく、慎ましく、愛らしく描き出しているのもよくわかる。ただ残念なのは、既婚者がしているばかげた風習であり、それは、生まれつきの美しい白い歯を黒く塗り、まゆ毛を抜き取っていることである(170)。

日本人は運動が好きで、すもう、球技、弓道、剣道などを好んでしている。知的な遊びも好きで、なかでもとくに囲碁や将棋に熱中している。日本人は美しい海や川で、しばしば入江にあるロマンチックな湾で、飾り立てられた小舟をこぎながら飲んだり歌ったりして楽しんでいる(171)。

音楽も大いに好まれていて、日本には三味線《しゃみせん》(172)と呼ばれる三本の弦を持つ楽器があり、この楽器はスペインやメキシコのギターのように普及している。また、芝居好きなところでも、日本人はフランス人に似ている。

第二節　日本の演劇

演劇についてはまだ詳細な知識が欠けているが、よく見るとわかるように、日本の演劇は芸術を味わい楽しむことを理想としているのではない。むしろ日本人は演劇に、一方では感情の高揚を求め、他方では社交上の満足を求めている。そこで、俳優はかん高い声とはげしい身振りでもって、奇妙で大げさな演技をしようとしたり、観客である女性のほうは、演目が変わるたびに、化粧を直しに行ったりするのである。

大きな町であれば、どの地区にも芝居小屋があって、町の負担で運営されている。芝居小屋では、午後二時から夕刻遅くまで、いつも二つの出し物が交代で演じられている。ある出し物が演じられていたり、別の出し物が演じられていたりするのもこのためである。一つの劇を見てから、もう一つの劇が演じられているあいだ、お茶を飲んだりタバコを吸ったり、散歩に行ったりして楽しむことができる。

女の役は若い男が演じているにしても、踊りのほうは女たちが演じている。客の女性は、休憩時間を利用して着替えをしたり、化粧直しをしたりして、つぎの幕に合わせて出てくる。そのため、女性に仕えている腰元が替えの着物を届けに来なければならない(173)。最後の点については、私がこの記事を借用したジャンシニーも書き添えているように(174)、パリのオペラ座の支配人であれば、日本の習慣を一度は試してみようと思いついたかも知れない。

第三節　日本の祭り

また、日本人はたくさんの客を招いて宴会をよくするのだが、しかし中国人のように食べたり飲んだりして、行き過ぎたむだ遣いはしない。豪華な飾り立てが日本人にはより重要なのであって、健康を祝して飲むのは私たちのところと同じようだ。演奏家や踊り手や歌手や手品師をゲストとして招いたりもする。

国民にとっての大きな祭りは、新年の華やかな祭りから始まって、毎年決まった月に繰り返され、山車、灯り、花火などによってお祝いされる。もっとも陽気で祭りらしいのは、八月に行われる子どもたちの祝いである。最初のところで言及したオランダ人のフィッセルは、祭りを見るために変装して長崎の町に忍び込み、これまでに述べたことを詳しく伝えている(175)。

第四節　日本の社会生活

幕府は専制政治を行って、国民に圧政を加えているとしばしば語られる。では、国民はそのために、生活を味わい楽しむための卓越した技を習得したのだろうか。民衆が生活を享受するための術を得ようとすれば、幕府はどのような関係にあっても情け容赦なく疑い深いものだから、民衆が不機嫌にならないように関心を払うものである。したがって幕府は、国民が社会生活を送るうえで、既存の法のなかで最大限の自由を認めようとするのである。

幕府は非常に多くの役人を抱えているので、ドイツでもたいていそうであるように、だれかに過度の任務を負わせたりはしない。だれもが自分の生活を楽しむだけの十分な時間をもっている。そればかりか、老いた大名や家老などは、可能であればいとも簡単に引退して、職務を息子たちに譲り渡すことができる。

彼らの親子関係が親密で愛情深いものであれば、すぐにも引退して、余暇に興じて楽しい生活を送ることができるのであり、年老いた父親はかならず、子どもたちに尊敬され、十分に世話をされるはずである。

第五節　日本人の交際

日本の景色はとても美しく彩られているので、日本人はよくよく旅をする。そして、家族や友人が島国のいろいろな所に住んでいるので、時間を費やして手紙のやり取りをしたり、手間暇を掛けて贈り物をしたりしている。

贈り物の機会は、礼儀作法と同じように、相手との関係によって決められている。(176) 上のものは下のものに役に立つものを贈り、下のものは上のものに豪華で夢のあるものを贈る。同等のもののあいだでは、あまり価値のないものであってもしゃれた箱に入れて贈る。たとえば、一ダースの卵が上品な小箱にかわいらしく入っていて、絹のリボンが巻き付けられて花束が添えられていたりする。日本人の生活のなかには、ある種の優雅さが浸透しているのだろう。なぜなら、日本にはたしかに貧しい人もいるが、不潔な身なりをして物乞いをするような惨めな人はいないし、悪事を働いたり動物のように飲み食いをしたりする堕落した貧民もいないからである。国は借金で苦しんではいないし、家族のつながりが強くて仕事は世襲されるのが基本だから、生活の基盤をすべて失って没落するものもいないのである。

これをもってこの興味深い国についての短い叙述を終えたいと思う。これまでの叙述は、私が持っている資料からできるかぎり客観的に提示しようとしたものだが、それにもかかわらずそこには、私自身の考えも含まれているにちがいないないし、自分の考えを入れてみたいという願望もまた随所に現れているだろう。

第十五章　日本の外交

第一節　閉鎖商業国家

とくにドイツ人のある哲学者の書いた作品が、いつも私の胸に迫ってくる。その哲学者は、一八〇〇年にプロイセンの大臣(177)に一冊の本を捧げて、その本でもって彼は、私たちドイツ人を政治改革へと導こうとしていた。

ここで私が考えているのは、フィヒテ(178)の『閉鎖商業国家』のことである。フィヒテが理想として思い描いているのは、自然によって規定された国家であり、多種多様な特質を持ちながらも、それにもかかわらず統一を実現している国家である。

そのような国家は、生きていくために必要な物を自分で生み出すことができるから、国内の交易に制限されてもかまわないが、しかし、芸術や学問が普遍的な進歩を成し遂げるために、他の国と結びつくことも必要としている。

フィヒテの唱えるこのような閉鎖商業国家が、日本において現実のものとなっているのである。

第二節　世界史の中の日本

日本の経済システムは完結しているので、他のいかなるものも必要としない。それ自身で完結しているのだから、孤立した小さな人類のようなものだ。しかし、これがまさに一つの矛盾なのである。日本の財宝を手に入れようと押し寄せてくる国々に対して、日本は何とかして自国を防衛しようとした。しかしこれを見ていると、何とも涙ぐましいものがある。

中国の悲惨な例(179)を目にして、安寧と秩序を脅かし、幸福と快適さを破壊するにちがいない国々との交流を、日本は避けてきた。それらの国々は、蒸留酒やアヘンを、安物の宝石やいまわしい伝染性の病気を、恐るべきほどに開化した文明とともにもたらしてきた。

しかし、人類は絶対的に一つのものであって、民族の孤立を許すものではない。人類の歴史は世界の歴史であり、牧歌的な生活に戻ったりすることはない。人類の歴史は前進するのみであって、そこから孤立しようとする国家を容赦なく世界史の力でもって征服していくのである。

第三節　日本の国防

今でも残念に思うのだが、高慢で粗野なアングロサクソン人が、不当にも日本人を欺いては、相手を挑発して決断を迫っている[180]。しかしこのことが中国に関係しているとは思えない。

日本人はすでに一度、十三世紀の終わりに、恐るべきフビライ＝ハン[181]の侵略に抵抗していた。フビライ＝ハンは一二七四年と一二八〇〔ママ〕年に攻めてきたのだが、一二八〇〔ママ〕年のときには、十万の兵を乗せた船団で日本を攻撃してきたものの、二回とも遭難して、フビライ＝ハンの攻撃は失敗に終わってしまった。

日本の軍隊は、牛肉を食べて黒ビールを飲んでいるペリー提督の水兵たちに比べれば、弱々しく見えるし、ただ身をすくめているだけだろう。蝦夷の地でイギリス人が日本の役人を乱暴に扱ったのも、日本人がイギリス人には厄介に見えたからであろうが、ハーバーシャム艦長が誇らしげに語っているように、[182] どっしりとした長靴のかかとで、一時的ではあれ日本人に恐れを抱かせることにはなったと思う。

しかしだからといって、日本を簡単に征服できると考えたのではない。というのも、日本人は蒸気船やミニエー銃[183]よりも強いものを持っているからである。それは祖国への愛であり、国民としての誇りである。

第四節　日本の外交政策

ここで私は、さきに言及した中国人・羅森の日記を取り上げ[184]、その中にある、ある日本人[185]が羅森への手紙のなかで書いていたことばに触れておきたい。というのも、日本人が中国の歴史を批判して、悲惨な状態を描写したのも、それは、中国人が真の人道主義を見失い、商業政策という貪欲な利己主義を目指すことになったからである。

ここで、日本人はみずからの幕府への信頼をつぎのように語っている。[186] そのことばを、私はノイマンの翻訳に従って本論文の終わりで引用しておきたい。[187]

「二つの国が通商関係を結んでいるときには、権利と義務という二つの点をきっちりと決めていなければなりません。そしてあらゆる場面を想定して、兵士を鍛えて戦争のルールをみずから定めておく必要があります。

平和が長く続くと、大事なことがなおざりにされて、そこから国家の崩壊が始まっていくものですが、ありがたいことに私たちの国ではそうではありません。兵士はよく訓練され、戦術も練られ、火器で防衛され、船も建造されています。これは、毎日のように、毎月のように、毎年のようになされていることです。だからこそ私たちは、古代の名君である湯王《とうおう》と武王《ぶおう》(188)に倣って、今でも軍隊を持っているのです。

もし私たちがそのような仕方で長いあいだ平和を維持しなかったとすれば、下劣な大臣や力を持った悪党が反乱を起こしても罰を受けることはなく、私たちが持っているものを奪い取ることになったでしょう。というのも、世界中のどこでも強いものが弱いものを食い殺すのが常であり、それはあたかも人間社会が虎や狼の群れのようなものだからです。子どもたちの争いを父親のように眺めている神が嘆き悲しみ、同情の念を抱くことはないでしょうか。

世界中のどこであっても個々の国のどこであっても、そこは戦いの場にほかならず、威厳のある王子も勇猛果敢な男たちも欠けてはいません。

　では、だれが思い切って神のむちを手に取って皆の前に現れ出て、神の命令を実行しようとするのでしょうか。今は大きな変化が現れてくる時代であり、革命の時代なのです。すべての領主が天命を尽くして、国民の幸福のために働かなければならないのです。」

終章　日本の課題

一八五四年に日本人が書いた右の記述から、私たちは、日本が外交政策を変更して以来、(189) どのような事態に陥ったのかを思い描くことができる。そしてまた、日本の動きが不測の事態に出くわしたときに、幕府の抱いた不安がどのようなものであったのかを知ることもできる。

幕府が外国との継続的な交流に耐えるだけの力を持ち続けていれば、不測の事態のなかで起こりうる難題は、幕府の国内政策に従った変革の課題となって現れてくるだろう。

注

（1）カール・ローゼンクランツ『研究論文集』（全五巻、一八三九—四八年）。Karl Rosenkranz, *Studien*, 5 Theile, Berlin/Leipzig, 1839–48.

（2）一八四八年三月、フランスの二月革命の影響を受け、ドイツ・オーストリアに起きた民主的な市民革命。ドイツ統一と自由主義的な憲法を求めたが、軍隊によって鎮圧され、革命は失敗に終わった。

（3）カール・ローゼンクランツ『自然宗教——哲学的・歴史的試論』（一八三一年）。Karl Rosenkranz, *Die Naturreligion. Ein philosophisch-historischer Versuch*, Iserlohn, 1831.

（4）イマヌエル・カント（Immanuel Kant, 1724–1804）は、ドイツの哲学者。イギリス経験論とフランス合理論を総合して、ドイツ観念論の創始者となる。『純粋理性批判』、『実践理性批判』、『判断力批判』を著して、従来の形而上学を批判する。

（5）ドニ・ディドロ（Denis Diderot, 1713–1784）は、フランスの啓蒙思想家、作家。キリスト教を批判して、無神論、機械論的唯物論を説く。ダランベールとともに『百科全書』を編集・刊行する。小説に『ラモーの甥』など。

（6）ディドロの対話体小説。体制に寄生するラモーの甥と哲学者である「私」との対話を通して、旧体制のフランス社会を痛烈に批判する。

（7）ジャン＝バティスト＝ルネ・ロビネ（Jean-Baptiste-René Robinet, 1735–1820）は、フランスの唯物論哲学者。世界を生物の連続的進化からなるものと考える、有機的自然観を説いた。著作に『自然について』など。

（8）ドン・デシャン（Dom Deschamps, 1716–1774）は、フランスの無神論哲学者、レジェ＝マリ・デシャン（Léger-Marie Deschamps）のこと。啓蒙思想を徹底して、宗教と階級社会を廃絶するための根本的な社会変革を唱え、農村ユートピアを構想した。

（9）フリードリヒ大王（Friedrich der Große, 1712–1786）は、啓蒙絶対君主の典型、プロイセン王フリードリヒ二世のこと。文芸、音楽に親しみ、フランスの啓蒙思想の影響を強く受けた。行政の改革、産業の振興、軍隊の増強、学問芸術の奨励に努めた。

（10）ローゼンクランツ『新・研究論文集』の第一巻『文化史の研究』（一八七五年）と第二巻『文学史の研究』（一八七五年）を指す。

(11) ケンペルは『日本誌』の中で、日本には「宗教的皇帝」である天皇と、「世俗的皇帝」である将軍という、二人の支配者がいるとした（ケンペル『日本誌』二九九、三五〇、三七六ページ）。「日本には二人の支配者がいて、ヨーロッパ人はその一人を信仰上の皇帝と呼び、他方を世俗の皇帝と呼んでいる」（ゴロウニン『ロシア士官の見た徳川日本』六四ページ）。

(12) 十九世紀後半に、幕藩体制が崩壊して、天皇を中心とする近代国家が形成されたこと。一八六七年の徳川将軍から朝廷への大政奉還、封建社会から資本主義社会への移行などを指す。

(13) ローゼンクランツの論文「日本国と日本人」は、ケーニヒスベルク自然経済学会での講演「日本国と日本人」（一八六〇年初め）を、『新・研究論文集』（一八七五年）に収めたものである。

(14) アレクサンダー・フォン・フンボルト（Alexander von Humboldt, 1769–1859）は、ドイツの博物学者、探検家、地理学者。世界各地に広範な研究旅行を行う。とくに南北アメリカと中央アジアの調査で有名。精密な機器による位置測定と水準測量を行い、近代地理学・地誌学の基礎を築く。著書に『コスモス』（一八四五―六二年）など。

(15) 一八五三年、アメリカ海軍の東インド艦隊司令長官ペリーが軍艦四隻を率いて浦賀に来航し、日本に開国を迫った。一八五四年にふたたび来航し、日米和親条約を結んで、日本は開国した。

（16）ウィリアム・アダムズ（William Adams, 1564–1620）は、日本に来航した最初のイギリス人、航海士。日本名は三浦按針《みうらあんじん》。一六〇〇年、オランダ船リーフデ号の航海長のとき、豊後に漂着した。徳川家康に厚遇され、外交顧問として反カトリックのオランダやイギリスとの通商に貢献する。

（17）ウィリアム・シェークスピア（William Shakespeare, 1564–1616）は、イギリスを代表する詩人、劇作家。人間世界の悲劇・喜劇・史劇を描き、数多くの名作を残した。作品に、『ロミオとジュリエット』『ヴェニスの商人』『ハムレット』『マクベス』など。

（18）William Adams, *Memorials of the Empire of Japon in the XVI and XVII Centuries*, edited by Thomas Rundall, London, 1850.

（19）ハクルート協会（The Hakluyt Society）は、一八四六年にイギリスのロンドンに設立された学術出版社。イギリスの地理学者、政論家リチャード・ハクルート（Richard Hakluyt, 1552–1616）に由来する。ハクルート双書を企画し、おもに十六・十七世紀のヨーロッパ人による航海記や旅行記や探検記を発行した。

（20）エンゲルベルト・ケンペル（Engelbert Kaempfer, 1651–1716）は、ドイツ人の医師、博物学者。一六九〇年に長崎のオランダ商館に医師として来日し、二年間の滞日中に二回江戸参府に随行する。一六九二年に帰国して、西洋に日本の歴史・社会・政治・宗教・動植物などを紹介した。著書に『廻国奇観《かいこくきかん》』（一七一二年）、『日本誌』（一七二七年）など。

（21）一六三四年、江戸幕府がポルトガル人を居住させるために作った扇形の島。ポルトガル人を追放したあと、一六四一年、平戸にあったオランダ商館をここに移し、幕末までオランダ人が居住した。貿易を通してヨーロッパとの唯一の接点となった。

（22）ヨハン・カスパー・ショイヒツァー（Johann Caspar Scheuchzer, 1702–1729）は、スイス人の医師。イギリスに移住して、収集家として有名なイギリスの医師ハンス・スローン（Hans Sloane, 1660–1753）の司書を務める。

（23）Engelbert Kaempfer, *The History of Japan*, London, 1727–28. ケンペルの死後、イギリスの収集家スローンが遺族から遺稿を買い取り、ドイツ語の原文をスイス人のショイヒツァーに英訳させて出版したもの。

（24）クリスチャン・ヴィルヘルム・ドーム（Christian Wilhelm Dohm, 1751–1820）は、ドイツの歴史家、翻訳家。プロイセンの外交官にして、啓蒙主義者。著書に『ユダヤ人の市民としての権利の向上について』（一七八一年）など。

（25）Engelbert Kaempfer, *Geschichte und Beschreibung von Japan*, Lemgo, 1777–79. ケンペルの相続人であった姪の遺品の中から見つかった、ケンペル自身が書いた原稿と甥が作成した写本をもとに、二つのドイツ語の原稿をドームが編集して出版したもの。

(26) カール・ペーター・ツンベルグ(Carl Peter Thunberg, 1743–1828)は、スウェーデンの医師、博物学者。スウェーデン語ではトゥーンベリ。長崎のオランダ商館に医師として来日して、日本の植物を研究し、日本の医学・博物学の発展に貢献する。著書に『日本植物誌』(一七八四年)、『日本紀行』(一七九一年)など。

(27) Carl Peter Thunberg, *Resan til och uti kejsaredomet Japan, aren 1775 och 1776*, Upsala, 1791.

(28) ワシリー・ミハイロヴィチ・ゴロウニン(Vasilij Mikhajlovich Golovnin, 1776–1831)は、ロシアの海軍軍人。一八一一年、国後島に渡航していたところを捕らえられ、松前で幽閉生活を送る。一八一三年、ロシアに捕らえられた高田屋嘉兵衛《たかだやかへえ》との交換で釈放される。著書に『日本俘虜実記』(一八一六年)など。

(29) イザーク・ティチング(Isaac Titsingh, 1745–1812)は、オランダの医師、日本学者。一七七九年から一七八四年まで、長崎のオランダ商館長を務め、その間に二度、江戸に参府した。帰国後、実証的な東洋学者として名をなす。著書に、日本人の婚礼・葬礼などについて記した『日本風俗図誌』(一八二二年)など。

(30) ジャーメイン・フェリックス・メイラン(Germain Felix Meijlan, 1785–1831)は、オランダの財務検査官。東インド会社を経て、一八二六年から一八三〇年まで長崎のオランダ商館長。日蘭貿易の改善を目的に、調査と再組織に努めた。著書に『日本』(一八三〇年)、『日欧貿易史概観』(一八三三年)など。

(31) ヨハン・フレデリック・ファン・オーフルメール・フィッセル(Johan Frederik van Overmeer Fisscher, 1800–1848)は、長崎のオランダ商館員。一八二〇年に来日し、一八二九年に日本を去る。一八二二年には商館長の江戸参府に随行して、日本人学者と交流した。著書に『日本風俗備考』(一八三三年)など。

(32) ハインリヒ・ユリウス・クラプロート(Heinrich Julius Klaproth, 1783–1835)は、ドイツ人の東洋学者。ペテルブルクの科学アカデミーの助手、のちにパリ大学教授となる。林《はやし》子平《しへい》『三国通覧図説』(一七八六年)のフランス語訳、林鵞峯《はやしがほう》編『日本王代一覧』(一六五二年)のティチングによるフランス語訳を刊行した。Isaac Titsingh, *Nipon o dai itsi ran, ou annales des empereurs du Japon*, Paris, 1834.

(33) フィリップ・フランツ・フォン・シーボルト(Philipp Franz von Siebold, 1796–1866)は、ドイツ人の医師、博物学者。長崎のオランダ商館医として一八二三年から二九年まで日本に滞在、一八五九年に再度来日して幕府の顧問となる。著書に、日本とその近隣を地理・歴史・宗教・考古学の分野にわたり紹介した『日本』(一八三二—八二年)、『日本動物誌』(一八三三—五〇年)、『日本植物誌』(一八三五—七〇年)など。

(34) ジャン＝バティスト・デュボア・ドゥ・ジャンシニー（Jean-Baptiste Dubois de Jancigny, 1753–1808）は、フランスの外交官で、アジアに滞在した東洋学者。著書に、ディド社の世界史シリーズ・アジア編『日本・インドシナ・セイロン――絵画の世界・各国の人々の歴史描写』（一八五〇年）など。来日したことはなく、ケンペル、ティチング、シーボルトらの著作を参考にまとめている。

(35) マシュー・カルブレイス・ペリー（Matthew Calbraith Perry, 1794–1858）は、アメリカの海軍軍人。一八五三年、東インド艦隊司令長官として浦賀に来航し、日本に開国を要求するフィルモア大統領の国書を幕府に渡した。翌一八五四年、再度来日して、武力を背景に日米和親条約を締結した。これによって日本の開国を実現させた。著書に『日本遠征日記』（一八五六―五七年）など。

(36) ペーター・ベルンハルト・ヴィルヘルム・ハイネ（Peter Bernhard Wilhelm Heine, 1827–1885）は、ドイツの画家。ペリーの日本遠征に加わり、『日本遠征日記』の図版を作成した。著書に『世界周航日本への旅』（一八五六年）、『中国、日本、オホーツク海域への遠征』（一八五八―五九年）など。Wilhelm Heine, *Die Expedition in die Seen von China, Japan und Ochotsk*, Leipzig, 1859, Bd. 2, S. 130f.

(37) アメリカ艦隊の艦長、アレクサンダー・ワイリー・ハーバーシャム（Alexander Wylie

Habersham, 1826–1883）のことか。海軍兵学校を卒業し、一八五三年から五四年まで北太平洋と中国を調査・探検した。一八六〇年に退職して日本茶の輸入を行う。著書に『北太平洋の調査と探検』（一八五八年）など。
なお、イギリス艦隊の艦長は、ジェームズ・スターリング（James Stirling, 1791–1865）。一八五三年、クリミア戦争が起こると、東インド艦隊司令長官として極東のロシア艦隊を追って長崎に入港。一八五四年、長崎で日英和親条約を結んだ。

（38）Wilhelm Heine, *Die Expedition in die Seen von China, Japan und Ochotsk*, Leipzig, 1859, Bd. 2, S. 365–391.

（39）羅森（Luo Sen, 1821–1899）は、ペリーの第二回来航のとき、中国語通訳ウィリアムズの書記役として来日した中国人の筆談通訳者。日本語は話せなかったが、英語と漢文に通じていた。「私の部下である中国人の書記羅 Lo〔羅森〕は、……優秀な男で、日本人の扇子に詩を書いてやっては彼らと友達になっています。日本人はよく彼と筆談します」（ウィリアムズ『ペリー日本遠征随行記』四四五ページ）。帰国後、香港の月刊誌『遐《か》迩《じ》貫《かん》珍《ちん》』に『日本日記』（一八五四―五五年）を発表した。Luo Sen, Riben riji, in: *Xiaer guanzhen*, Hong Kong, 1854–55.

（40）カール・フリードリヒ・ノイマン（Karl Friedrich Neumann, 1793–1870）は、ドイツの中

国学者、歴史家。バイエルン王立図書館員、ミュンヘン大学教授。著書に『東アジアの歴史』（一八六一年）、『アメリカ合衆国の歴史』（一八六三―六六年）など。

（41）フリードリヒ・フォン・ラウマー（Friedrich von Raumer, 1781-1873）は、ドイツの歴史家、ベルリン大学教授。『歴史文庫』（一八二九―五九年）を編集する。著書に『ヨーロッパの歴史』（一八三二―五〇年）など。

（42）「最近の日本の地図によると、それは七五二〇平方マイルとなっている」（シーボルト『日本』第一巻、五〇ページ）。ただし、シーボルトのマイルはドイツ・マイルで、日本には樺太と千島が含まれている。通常の一マイルが一・六キロメートル、一平方マイルが約二・五平方キロメートルであるのに対して、一ドイツ・マイルは七・五キロメートル、一平方ドイツ・マイルは約五六平方キロメートルである。

（43）肥後のことか。

（44）マルコ・ポーロ（Marco Polo, 1254-1324）は、イタリアの貿易商人、旅行家。『東方見聞録』（一二九八年）は、中央アジアから中国への旅行を口述筆記させたもので、日本を黄金の国ジパングとしてヨーロッパに紹介したことで有名。多くの言語に翻訳され、東方への交易と布教の関心を高め、大航海時代を用意した。

（45）クリストファー・コロンブス（Christopher Columbus, 1451-1506）は、イタリアの探検家、航海者。スペイン女王の援助を受け、一四九二年、インドに向けて大西洋を横断。アメリカ大陸に到達したものの、インドだと信じていた。「コロンブスは、西方の海路によってインドに達しようと試みたが、彼はカナリア諸島の西七百五十レグア〔約四六四八キロ、レグアはポルトガルのマイル〕の所に、原住民によってコルブ Colbu〔キューバのこと〕と呼ばれる、最初に見た島こそジパンゴであると報告している」(ハイネ『世界周航日本への旅』二一〇ページ)。

(46) 一八五三年にポルトガル人を乗せた中国船が種子島に漂着したことを指す。

(47) 「日本人は、旅中に在らざる限りは、冬でも夏でも、頭になにも冠らない。旅の時は藁で編んだ円錐形の帽子を冠り、これを紐で頤の下で結んでおく」(ツンベルグ『日本紀行』二三三ページ)。

(48) 「携帯用品の主なるものは扇である。各人が自分の扇を帯に挟んで携えている」(ツンベルグ『日本紀行』四三〇―四三一ページ)。「扇を持った兵士について述べるのはいささか突飛に聞こえるが、しかし日本では、扇の使用が非常に一般的に及んでいるので、立派な人で扇を持たぬ人は見られない。これら扇は長さ一フィートあり、時には日傘の役もするし、時には手帳の代りにもなる」(ティチング『日本風俗図誌』一八八ページ)。

(49) 「葡萄牙《ポルトガル》人は交易により莫大な儲をした。人の言によれば、年に黄金五百樽の利を見たと称している。その傲慢な態度が国人の反感を買った。一千六百三十六年には、その輸出額は銀二千三百五十箱即ち二百三十五万テールに減じ、一千六百三十七年には二百十四万二千三百六十五テールに減じ、一千六百三十八年には百二十五万九千二十三テールに減じた」（ツンベルグ『日本紀行』四六五—四六六ページ）。

（50）「和蘭人《オランダ》は、銀よりも儲の多い銅の輸出を願い出た。然しこの時から銀の輸出は厳禁されてしまった」（ツンベルグ『日本紀行』四六九ページ）。「オランダ人は日本との貿易では、日本の銅の輸出で一番利益を上げていたのである」（ゴロウニン『ロシア士官の見た徳川日本』一二四ページ）。日蘭貿易の改善に努めたオランダ商館長メイランのことばは象徴的である。「先の商館長、コック・ブロムホフ〔Cock Blomhoff〕閣下にとって、銅がなければオランダ人もなし、という論法は、誠に純粋な論理であることを、日本人たちに理解させた名声はふさわしいものである」（メイラン『日本』一八三—一八四ページ）。

（51）「日本皇帝宛ての合衆国大統領書翰」につぎのようにある。「われわれは日本帝国には甚だ豊富な石炭と食料があると理解しています。わが国の蒸気船舶は、大洋を横断するのに大量の石炭を焚きます。しかもこれを全航路にわたりアメリカからもって行くことは便利ではありません。われわれは、わが国の蒸気船舶やその他の船舶が日本に停泊して、石炭、食糧、及び水の補給を受けることを許されるべきだと願っています」（ペリー『日本遠征日記』四三七ページ）。

(52)「狐は、悪霊をもっている、と日本人は考えており、彼らのすべての寓話のなかで悪魔の自発的な手先として描かれている」（ペリー『日本遠征日記』四〇一ページ）。

(53)「綿羊も山羊も居ない。山羊がいれば日本の畠を荒してしまったろう。日本人は木綿及び綿があるから、綿羊の毛がなくてもすむ」（ツンベルグ『日本紀行』三一五ページ）。

(54)「日本人の起源を確定することはすこぶる困難である。日本人自身は太古からの住民であると称し、彼らが中国人と祖先を同じくするといった説はどんなものでも嫌悪感をもって斥けている。ケンペル、ゴロヴニン、クラプロート、メイラン、ティチング、シーボルトらはこの点では一致している」（ハイネ『世界周航日本への旅』二一六ページ）。

(55)「贈物は亜細亜に於いては儀式の重要な部分をなすことは、人の知る如くである。日本人はその贈物に可なり珍らしい方法で折った紙片を添へる。この紙片のことを日本人は挨拶の紙と称している〔熨斗のこと〕。この紙の各端に長さ四分の一オーヌ幅一プースの昆布の帯をつけておく」（ツンベルグ『日本紀行』三九一ページ）。「日本人が互いに贈物を贈りあうときには、紙に包まれた乾魚の一片〔のし、つまりのしあわびのこと〕がいつも変らず贈物に添えられるのである」（ペリー『日本遠征日記』四〇〇ページ）。

(56)「神主《カヌシ》たちが結婚することは認められている。また勤務以外のとき、ほかの日本人たちと同じ着物を着ることも自由である」。「神主たちの仕事は、……子供に名前をつけること等である」（フィッセル『日本風俗備考』第一巻、一二三ページ）。

(57) 伊勢神宮のこと。天照大御神を祭る皇大神宮と豊受大御神を祭る豊受大神宮の二つからなり、一般に前者を内宮《ないくう》、後者を外宮《げくう》と呼ぶ。宇治は内宮の門前町。近世にいたり、信仰と物見遊山を兼ねた伊勢参りが盛んとなる。

(58) 「善行者は楽園高天中原《タカマナカハラ》に行くことを許され、神々の領域にはいるが、悪行者は罰せられ、地獄すなわち根《ネ》の国《クニ》に落とされる」（シーボルト『日本』第四巻、四八ページ）。「シーボルトは、ともかくこの点では権威であるが、彼によると、日本人は、未来の世界について暗い考え、あるいは霊魂の不滅及び永遠の至福か罰かの観念を抱いているという」（ハイネ『世界周航日本への旅』二四二ページ）。

(59) 孔子（紀元前五五二―紀元前四七九）は、中国の春秋時代の思想家、哲学者。仁を理想とする道徳を説き、為政者の徳によって民衆を教化する徳治政治を強調した。家族生活の倫理が国家を平定する原理になることを説いた、儒教の創始者。『詩経』『書経』を編纂し、『易経』を注釈し、『春秋』を創作した。『論語』は孔子の言行録。

(60) 真言宗の教えをもとに説かれた神仏習合の神道説。仏が人間を救うために姿を変えて現れてきたのが日本の神であると説く。「インドの神阿弥陀《アミダ》の特質を、天照大神《テンジョーダイジン》の魂の中に移入するという方法によって、両方の宗教から、彼らにとって最善と思われるものを採用してわが物としてしまった。このようにして神仏両道の教えが発生した。この教えは非常に多くの信者を獲得して、後には両部神道の名のもとに存続することになった」（フィッセル『日本風俗備考』第一巻、二四七ページ）。

（61）『古事記』『日本書紀』に登場する伝説上の人物、神武天皇のこと。九州の日向から東征し、瀬戸内海を経て難波に上陸、熊野から吉野を経て大和を平定し、紀元前六六〇年に橿原宮《かしはらのみや》で初代天皇に即位した。

（62）シーボルトが日本史を大きく五つの時期に分けたことにおおよそ従っている（『日本』第三巻、一七六―一七八ページ）。第一期は神武から朝鮮戦争まで（紀元前六六七―紀元後二〇〇年）、第二期は朝鮮戦争から仏教伝来まで（二〇〇―五七二年）、第三期は仏教伝来から将軍支配の確立まで（五七二―一一八六年）、第四期は源頼朝から源家康まで（一一八六―一六〇三年）、第五期は源家康から現在まで（一六〇三―一八二二年）。

（63）仲哀天皇は、『古事記』『日本書紀』に登場する伝説上の人物。第十四代天皇と伝えられる。日本武尊《やまとたけるのみこと》の第二子。神功皇后の夫で、応神天皇の父とされる。熊襲を討つために九州に赴くが、筑紫の地で急死したとされる。

（64）神功皇后は、四世紀後半の伝説上の人物で、仲哀天皇の皇后。天皇の死後、三韓征伐を指揮して新羅を討ち、百済と高句麗を帰服させた。帰国後に応神天皇を生み、摂政として政治を行った。

(65) 欽明天皇は、第二十九代の天皇。六世紀半ばに即位し、都を大和に遷す。治世中に、百済王が日本に仏教を伝え、任那の日本府が新羅に滅ぼされた。国内では崇仏の是非をめぐって蘇我・物部の対立があった。

(66) 敏達天皇は、欽明天皇の第二子で、六世紀後半の第三十代天皇。仏教受容をめぐって崇仏派と廃仏派の対立が激化したので、私的に仏教を信仰することを許したという。国外では、新羅に滅ぼされた任那を回復しようとするが失敗に終わる。

(67) 後鳥羽天皇は、鎌倉時代初期の第八十二代天皇。一一八三年、祖父の後白河法皇の院政のもとで即位し、法皇没後に親政、一一九八年、譲位してながく院政を行う。執権北条義時を追討する宣旨を出し、承久の乱を起こしたが、失敗して隠岐に流される。

(68) 孝徳天皇は、飛鳥時代の第三十六代天皇。六四五年、中大兄皇子《なかのおおえのおうじ》、中臣鎌足《なかとみのかまたり》らとともに大化の改新を行い、律令制国家を整備した。公地公民制を基礎とした中央集権的官僚体制が奈良・平安時代に確立して、武家政治の開始とともに実質を失っても、形式的には存続していく。

(69) 律令制国家における地方行政の広域区画である五畿七道を指す。全国を畿内と七道に分け、それぞれを官道でつないだ。

(70) 古代中国から伝わった易で、陰と陽の二種を組み合わせた八つの基本の図形。これを組み合わせると六十四卦《ろくじゅうしけ》となり、自然界・人間界の諸現象を表す。

(71) 国・郡・里制による地方行政の中央集権化を指す。八つの地方は、国、その下に郡、さらにその下に里を設けて、編成された。「国家を六十八ヵ国に区分する制度により、日本の国家は、わが紀元六七二年以来、ただ単に君主に従属する臣下としてしか彼らの権力を行使し得なかった実にたくさんの領主たちによって治められていたのである」(フィッセル『日本風俗備考』第一巻、二一ページ)。

(72) 六四六年に孝徳天皇が「改新《かいしん》の詔《みことのり》」を出して、私有地・私有民を廃止して公地・公民とし、国・郡・里に地方行政組織を編成し、戸籍・計帳を作成して班田収授法を定め、祖・庸・調による統一的な税制を実施したこと。

(73) 八つの中央行政組織を創設して、中国の律令制度にならった中央集権的支配体制の形成を目指したこと。

(74) ゴロウニンの『日本俘虜実記』ではつぎのとおり。「日本の住民は八つの階級、または身分に分かれている。(一) 大名《ダイミヨ》、すなわち国持ちの諸侯《しょこう》。(二) 旗本《ハダマド》、または貴族、士族。(三) 坊主《ボンザ》、または僧侶《そうりょ》。(四) 軍人、すなわち兵卒《へいそつ》。(五) 商人。(六) 職人。(七) 農民と労働者。（八）奴隷がこれらである」（ゴロウニン『ロシア士官の見た徳川日本』七六ページ）。

メイランの『日本』ではつぎのとおり。「階級は、明白に八つに分けることができる。その中の第一には、大名《ダイミョウ》、これは支配している領主であり、彼らの間には、封地、すなわち国の土地が分配されている。彼らはまた、国主《コクシュ》とも呼ばれるが、コク、国のシュ、主の意味である。……第二は、貴人《キニン》、または貴族の身分で、キ、高貴のニン、人の意味である。第三は、坊主《ボンゼン》、または聖職者、第四は、兵士、第五は、民間の役人、第六は、商人、第七は、職人および手仕事労働者、第八は、農民と日雇い労働者」（メイラン『日本』六七ページ）。

ハイネの『世界周航日本への旅』ではつぎのとおり。「住民は八つの階級に分かれている。たいていの場合それは世襲である」（ハイネ『世界周航日本への旅』二二七ページ）。第一階級は「諸侯つまり国主」、第二階級は「貴族」、第三階級は「司祭」、第四と第五の階級は上級と下級の「武士」、第六階級は「商人」、第七階級は「小売商人、職人および芸術家」、第八階級は「農夫、手内職人、日雇い」である。さらにその下が「皮職人やなめし工」である。

(75)「日本においては、ヒンドスタンにあるようなカースト階級制度の区分の痕跡はまったく見出せない」（メイラン『日本』七九ページ）。「日本には厳密なカスト制度のようなものはない」（ハイネ『世界周航日本への旅』二二七ページ）。

(76) 「穢多《えた》 Yeta と称する不潔な徒党の住む所は、距離の勘定に入れず、運び人足も馬もそのように計算されているので、ここではある程度無料の旅ができるし、また道程標を見て行くと、何時間も進んだのにいっこうに変らない」(オイレンブルク『日本遠征記』上巻、一五九ページ)。フリードリッヒ・ツー・オイレンブルク (Freidrich zu Eulenburg, 1815–1881) は、ドイツの政治家。東プロイセンのケーニヒスベルクで生まれ、ケーニヒスベルクとベルリンで法律学と政治学を学ぶ。司法官として各地に勤務し、行政官として財務省や内務省に勤務したのち、外交官に転じた。一八五九年に東アジア遠征隊の全権公使となり、一八六〇年にベルリンを出発、一八六一年に江戸で日普修好通商条約を結ぶ。中国とも同様の条約を結び、帰国後に内務大臣になる。

(77) マヨル・ドムス (major domus) のこと。本来は王家の私的な家事の管理者を意味していたが、のちにはフランク王国メロヴィング朝の最高宮廷職となる。王家の私事と王の公務がはっきり区別されていなかったため、しだいに摂政的な権力を持つようになり、七五一年に宮宰ピピンがみずからカロリング朝を立てた。

(78) 源頼朝(一一四七―一一九九)は、鎌倉幕府の初代将軍。鎌倉を拠点として東国を支配し、平氏を倒して天下を平定する。一一九二年、鎌倉幕府を開いて初代の征夷大将軍となり、武家政治の創始者となる。朝廷から独立した幕府を開いて以来、武家政権が明治維新まで存続する。

(79) 天皇と将軍に主権が分離したあとに即位した土御門《つちみかど》天皇を指す。後鳥羽天皇の第一皇子で、一一九八年に四歳で即位し、一二一〇年に弟の順徳《じゅんとく》天皇に譲位する。承久の乱で土佐に流され、一二三一年に阿波で没した。

(80) 太閤とは、摂政または関白の職を子に譲った人を指す。とくに豊臣秀吉(一五三七—一五九八)のことを敬っていう。秀吉は一五八五年に関白となり、一五九一年に養子の秀次に関白を譲ったのちは太閤と称した。

(81) 天照大神は、日本神話の中心をなす最高神。高天原《たかまがはら》を支配する主神で、天の岩屋に隠れたという神話で有名。記紀によれば太陽を神格化した太陽神であり、天皇家の祖先神とされている。また、日本民族の総氏神ともされて、伊勢神宮に祭られている。「天照大神の家系の末流であるとされており、現在もなお統治を続けている宗教的皇帝〔天皇〕たちは、何の障害もなくお互いに順序正しく国の統治をうけついでいる」(フィッセル『日本風俗備考』第一巻、一六ページ)。

(82) 「天皇は、つねに十二人の后妃を抱えている。これは、この国における先祖からの古い慣わしである」(ケンペル『日本誌』二八七ページ)。「神性君主の血統が死に絶えてしまうことを防ぐために、内裏は、国内の最も高貴で最も美しい処女のうちから選び出された正妻十二人を持つ義務を負わされた」(メイラン『日本』四ページ)。

(83) カトリック教会の首長で、ローマ教皇ともいう。かつては政治的権力をも有した。選挙で選ばれるローマ法王も含めて、カトリック教会の聖職者は独身を貫く。「幾つかの点で日本の信仰上の皇帝はヨーロッパの法王に比較することができるかもしれない。しかしその比較はたいていは間違っている。というのは法王の位は選挙制であるが、禁裏家《キンレイ》は世襲《せしゅう》である。このため禁裏家の種が絶えぬよう代々の禁裏は十二人ずつ后妃《こうひ》を持っている」(ゴロウニン『ロシア士官の見た徳川日本』六七ページ)。

(84) 「この気の毒な半ば神の如き存在は、その宮殿の内に生れ、このうちに生活すると云うよりも成育して、このうちに死んで、この宮殿からは生涯一度も外に出ないのである」(ツンベルグ『日本紀行』二三八ページ)。

(85) 「天皇はどこへ行くにも人の肩車に乗せられて運ばれるのである。……頭髪は刈られないし、髭は剃られず、爪は切られない。と言っても、それらが伸びて見っともなくなってはならないので、夜、睡眠中にそっと切って差し上げる」(ケンペル『日本誌』二八三ページ)。

(86) 「昔は内裏は、毎朝一定時間衣冠束帯の正装をして、手足や首、眼、その他体のどの部分も動かさず、不動の姿勢で彫刻像のように玉座に座っていなければならなかった。……今では、冠だけが毎朝数時間、天皇の身代りに玉座に安置されるようになったのである」(ケンペル『日本誌』二八三―二八四ページ)。
(87)「内裏のお食事は、つねに新しい鍋で調理され、新しい器に盛られなければならない。……また使用後容易に壊すことができるようにしているのである」(ケンペル『日本誌』二八四ページ)。
(88)「内裏《ダイリ》の城内に将軍の軍隊を駐留させている。この軍隊は危急の場合ミカドを護衛するための親衛兵のごときものとされているが、実は、ミカドの神聖なる人格をいついかなる時でも自由に支配しようとする意図によるものなのである」(フィッセル『日本風俗備考』第一巻、二四一―二四二ページ)。
(89)「シーボルトによると、政治は公爵五人とその他の貴族八人から成る十三の大顧問官によって行なわれる」(ハイネ『世界周航日本への旅』二二四ページ)。十三の大顧問官とは、シーボルトによれば、五大老、三中老、五奉行を指す(シーボルト『日本』第二巻、六一―六二ページ)。
(90)掃部頭とは、彦根藩主である井伊家の官職。もとは律令で宮中の掃除や設営を司っていた役職。関ヶ原の戦いで手柄を立てた井伊直政、大坂の陣で手柄を立てた井伊直孝、日本の開国を断行した井伊直弼など、井伊家は江戸幕府の重臣として将軍を補佐してきた。「井伊掃部頭は、権現に対して忠誠をつくしていた年寄り chief secretary の子孫であった。この理由からして、掃部頭の子孫の一人がちょうどその当時将軍の主席の老中であり、将軍といえども、その同意なしには何事も重要な事柄を決めることはできなかったのである」（ティチング『日本風俗図誌』四九ページ）。

（91）「もし将軍すなわち公方《クボー》の判決が誤っていると見なされた場合には、公方にとっては政権の座からしりぞく以外に道は残されていないのである」（フィッセル『日本風俗備考』第一巻、三九ページ）。「将軍の近親者から成る最高審判会議が開催される。この会議には、一定の成年に達した将軍の後継ぎも加わっている。この審判会議の決定は絶対である」（ハイネ『世界周航日本への旅』二二四ページ）。

（92）「彼らの就寝や起床の時間も同様に定められていた。一言で言えば、彼らの特殊な生活様式も、同時にまた彼らのすべての仕事も、彼らが文字通り彼らの職務の奴隷であるということができるように用意され、そして規定されていたのである」（メイラン『日本』一〇ページ）。

（93）徳川家康《とくがわいえやす》（一五四二―一六一六）のこと。江戸幕府の初代将軍。本姓はまずは藤原、つぎに源を称し、そして徳川に改めた。織田信長と結んで駿河を支配し、豊臣秀吉と和して関東を支配。秀吉の死後、関ヶ原の戦いに勝って、一六〇三年、征夷大将軍となり江戸に幕府を開いた。一六〇五年、秀忠に将軍職を譲ったが、大坂の陣で豊臣氏を滅ぼし、武家諸法度などを定めて、幕藩体制の基礎を築いた。

(94) シーボルト『日本』に収録された日本の歴史年表『和年契《わねんけい》』によると、徳川家康は「第三十二代源家康」となる（シーボルト『日本』第三巻、二八二ページ）。なお、『和年契』は、蘆屋山人《ろおくさんじん》『和漢年契《わかんねんけい》』の中国史の年表部分を除いて、日本史の部分だけをシーボルトの助手ヨハン・ヨーゼフ・ホフマン（Johann Joseph Hoffmann, 1805–1878）がドイツ語に翻訳したもの。

(95) 「市民は誰でも自分の好きな宗教を信仰し、また何度でも好きなだけ改宗する権利を持っている。……日本では一家族の中で異なった宗派に属しているような場合が珍《めずら》しくない。そして宗旨の相違から争いが起こることは決してない」（ゴロウニン『ロシア士官の見た徳川日本』六一ページ）。

(96) フランシスコ・デ・ザビエル（Francisco de Xavier, 1506–1552）は、スペインのカトリック教会の司祭。イエズス会の創設に参加して、東洋への伝導に努めた。一五四九年、鹿児島に上陸して、西日本の各地に伝導。はじめて日本にキリスト教を伝えた。天皇、将軍から布教の許可を得ようとしたが失敗、一五五一年、中国への伝導のため離日した。

(97) 「改宗者の数は四百万を越え、この新たな教えの信者となるものは、天皇や将軍の宮廷にも見られたという」（ハイネ『世界周航日本への旅』二二〇―二二一ページ）。

（98）豊臣秀頼（一五九三―一六一五）は、豊臣秀吉の側室である淀君が生んだ次子。長子の鶴松は三歳で死んでいるから、名実ともに秀吉の世嗣であった。秀吉が死ぬまえに、徳川家康らの主要武将は秀頼への忠誠を誓っていた。

（99）三河守とは、徳川家康のこと。一五六六年に、従五位下三河守に任じられていた。「皇帝太閤様は一五九八年〔慶長三年〕九月〔八月〕十六日、六十四歳で没し、秀頼という名の幼い息子をあとに残した。この息子の後見役を、彼は当時三河の国の領主であった大老家康に委任した」（フィッセル『日本風俗備考』第一巻、二七―二八ページ）。

（100）「新しい宗教を贔屓にしていたこの若き公子をも改宗させ、さらにその一派が勝利を収めた場合、キリスト教を国教にしうるのではないかとの希望すら抱いたのである」（ハイネ『世界周航日本への旅』二二二ページ）。

（101）徳川家康の三男で、江戸幕府の二代将軍となった徳川秀忠（一五七九―一六三二）のこと。法名を台徳院といった。禁教令を出してキリスト教の布教を禁止した。禁令の強化と貿易の統制・管理を結合させた外交政策など、幕藩体制の確立に努めた。

（102）「家康の孫台徳院 Teitokuri はついにキリスト教を死へと追いやった。最後のキリスト教徒を非情な過酷さをもって根だやしにしたのである。三万六千人の教徒たちは、島原 Sinabora にこもり、まれに見る勇気と忍耐を発揮して防衛にあたった。三カ月にわたる攻防ののち、城は一六三八年四月十二日陥落した。この悲劇的最後の幕に、オランダ人は大砲と船団を指揮してその攻城を助け、不面目な名を世に残した」（ハイネ『世界周航日本への旅』二二二ページ）。

（103）ただし、島原の乱を鎮圧したのは、徳川家康の子で二代将軍の徳川秀忠（法名は台徳院《たいとくいん》）ではなく、徳川家康の孫で三代将軍の徳川家光（法名は大猷院《だいゆういん》）である。

（104）イエズス会士は、キリスト教に好意的だった豊臣秀頼を改宗させ、キリスト教を国教にしうるのではないかとの希望から豊臣側を支援した。しかし、一六一四／一五年の大坂の陣で徳川側が勝利すると、その後三世代（家康・秀忠・家光）にわたってキリスト教徒の迫害が続くことになる（ハイネ『世界周航日本への旅』二二二ページ）。

（105）キリスト教徒の天草四郎を首領として起こった百姓一揆、島原の乱（一六三七―三八年）が鎮圧され、島原の原城に立てこもった三万八千人の農民が皆殺しにされたこと。以後、禁教政策はさらに厳しくなり、一六三九年、鎖国に入った。

（106）インド北東部の地域。綿製品の生産地であり、ガンジス川の水運を生かして物資の集散地として繁栄。ヨーロッパ貿易で栄えたが、十八世紀からはイギリスによるインド支配の拠点となる。

「この黄金の国オフィール（Ophir）を失ったポルトガル人の轍を踏まないようにするためには、われわれは、一六三八年に島原の切支丹弾圧にまで助力せざるを得なかったのである。

そのためわれわれは、すべての祈禱の時間も礼拝の会同も持たず、讃美歌を歌うことも止め、ついにスペイン人が悉く追放され、日本人の耶蘇教徒がほとんど根絶した後、一六四一年に平戸の町を引払って長崎の町の湾に築かれた出島に引籠り、囚人同様の生活に甘んずることになったのである」（ケンペル『日本誌』六四二ページ）。「日本に在住しているオランダ人、また来航したオランダ人は友好国との貿易に従事している自由な人間というよりはむしろ捕《ほ》虜《りょ》に近い」（ゴロウニン『ロシア士官の見た徳川日本』一五一ページ）。

（107）「日本人は、オランダ人から、人間的精神の発見の知識が得られるからであり、その精神は、ヨーロッパにおいては今なお絶えず前進を続け、そして大きな進歩を見せているのである」（メイラン『日本』一六ページ）。

（108）西洋科学書の日本最初の本格的な翻訳書である『解体新書』（一七七四年）が有名。これはドイツ人医師ヨハン・アダム・クルムスの『解剖図譜』（一七二二年）のオランダ語訳『ターヘル・アナトミア』（一七三四年）を、杉田玄白、前野良沢、中川淳庵、桂川甫周らが協力して漢文訳したもの。

（109）ピエール＝シモン・ラプラス（Pierre-Simon Laplace, 1749–1827）は、フランスの数学者、天文学者。行列論・確率論・解析学を研究し、解析学研究の成果を太陽系天体の運動論に適用して太陽系の安定性を論じた。著書に『天体力学』（一七九九―一八二五年）など。『天体力学』の日本語訳は確認できないが、志筑忠雄は『暦象新書』(一八〇二年)において、イギリスのケールが書いた天文学書(一七二五年)のオランダ語訳を抄訳し、付録の『混沌分判図説』でカント=ラプラスの星雲説に匹敵する太陽系生成論を展開していた。

(110) 第二代オランダ国王ウィレム二世(Willem II, 1792–1849)のこと。一八四四年、オランダ軍艦が長崎に入港し、ウィレム二世の親書を第十二代将軍徳川家慶に送った。親書はシーボルトの助言により、アヘン戦争の実情を知らせて鎖国を解くように勧告したものだったが、翌年に江戸幕府から拒否された。

(111) ジョン・エリクソン(John Ericsson, 1803–1889)は、スウェーデン生まれのアメリカの発明家、機械技術者。蒸気機関を研究し、それを搭載した蒸気機関車、蒸気船の製作にあたった。

(112)「搾取機は地上にじかに置いてある。この機械は二個の桁構から成っている。この桁の間に種を入れて潰すのである。するとその油は特別に材木のうちに穿った溝を通って流れて、壺に落ちる。下部の桁は動かない。上の桁の重い上に、この角を木の梶棒で打って、強い圧力を加える」(ツンベルグ『日本紀行』三九一ページ)。

(113) 応神《おうじん》天皇は、記紀によれば、第十五代の天皇。父は仲哀天皇、母は神功皇后。五世紀前後に在位し、この時期に大和朝廷の勢力が飛躍的に発展して、大陸や半島から渡来人の来朝や先進文化の流入が集中した。

(114) 漢の王室の子孫とされる伝承上の人物。応神天皇のとき、百済から日本に渡来し、『千字《せんじ》文《もん》』(漢字を覚えるための教科書)、『論語』などを伝えたという。漢字を国字化して文字言語を創出し、ながく大和政権の記録に従事した。『古事記』では和迩吉師《わにきし》、『日本書紀』では王仁《わに》と記されている。

(115) 吉備真備《きびのまきび》(六九五—七七五)のこと。奈良時代の学者、政治家。七一七年に遣唐留学生として唐に渡り、儒学・天文学・兵学を学んで帰国する。七五二年に遣唐副使として再度唐に渡り、鑑真をともなって帰国する。唐文化の輸入に努め、律令制を日本に定着させた。

(116) インドでサンスクリット語を書くのに用いられる文字。七世紀頃にインドで発達し、十世紀以降に整う。アルファベット的要素からなり、音節を単位として表す表音文字である。日本語と同じように、ローマ字のアルファベット二字を一字で表す。

(117) カタカナは吉備真備が作ったとする説もあるが、そうではなく、平安時代の仏僧たちが漢文を読むための訓点として、万葉仮名を簡略化したものと考えられる。

(118) 空海《くうかい》(七七四—八三五)のこと。平安時代の僧。弘法大師で知られる真言宗の開祖。八〇四年に遣唐使とともに唐に渡り、真言密教を学ぶ。帰国後、高野山に金剛峰寺を建立し、真言宗を確立する。諸芸にすぐれ、書道では三筆の一人として数えられた。

(119) ひらがなは弘法大師が作ったとする説もあるが、そうではなく、平安時代の貴族や女性たちが、万葉仮名を草書体にした草仮名を、さらに書き崩したものと考えられる。

(120) 江戸幕府の書物奉行であった近藤守重（一七七一―一八二九）が、日本古来の金銀貨幣を図録にして公刊した『金銀図録』のこと。六巻付録一巻で一八一〇年に初版が出る。大判・小判・一分金などがカラーの図入りで紹介されている。

(121)「小学校には男女ともそろって入る。ここでは読み書きと祖国の歴史の基礎が教えられる。比較的貧しい階級の教育はこれで終わりである。金持ちや身分の高い者の子供はさらに一種の大学にも通う。この学校では、日本人の生活においてはどんな些細な行動にもつきまとう無数の行事作法が主として教えこまれる。／……さらに腹切《ハラキリ》も若い日本人に伝授される」（ハイネ『世界周航日本への旅』二三一―二三二ページ）。

(122)「日本人は殊《こと》の外《ほか》読書を好む。平《ひら》の兵卒《へいそつ》さえも、見張りのときもほとんど休みなしに本を読んでいる」（ゴロウニン『日本俘虜実記』下巻、一七ページ）。
なお、ゴロウニンの『日本俘虜実記』には、「日本人の間ではカルタと将棋の遊びは非常に盛んである」（ゴロウニン『日本俘虜実記』下巻、一七ページ）とあるが、ツンベルグの『日本紀行』には、「日本人はカルタ遊は余り好きでない。それにこれは政府から厳禁されているのである。時に船中でカルタ遊をすることもあるが、陸では決してしない」（ツンベルグ『日本紀行』三六〇ページ)とある。フィッセルの『日本風俗備考』には、「骰子もカルタも公然と人に見せることは許されないのであるが、この遊戯がひそかに行なわれている場所がいくつかある」(フィッセル『日本風俗備考』第二巻、七二ページ)とあり、ハイネの『世界周航日本への旅』には、「カードやダイスは禁止されている」(ハイネ『世界周航日本への旅』二三四ページ)とある。

(123) 「さてここで腹切《ハラキリ》(幸福な死)あるいは自ら死ぬときの慣習について述べさせて頂きたい。死刑となると、罪人の全家族がその恥を被り、さらに財産も没収されてしまうので、そのようなことになる前に自殺するのが常となっているのである」(ハイネ『世界周航日本への旅』二二九ページ)。

(124) 日本の刑罰については、シーボルト『日本』第六巻、付二「日本の司法制度研究への寄与」(三六四―三七三ページ)が詳しい。

(125) もとは村の代表者で、自治組織の指導者。のちに年寄として、奉行に属して町内のさまざまなことを取り扱った町役人のこと。年貢徴収などの責任を負った。

(126) 「日本の法学者たちは、たとえそれが〔刑を〕重くするものであろうと、または軽くするものであろうと、その犯罪が行なわれたさまざまな事情にほとんど注意をしていないか、またはまったく注意をしていないことである。盗人は盗人である。大物であろうと、小物であろうと、彼が捕えられたならば、同一の刑罰が待ち受けているのである」（メイラン『日本』三二ページ）。

（127）江戸幕府八代将軍の徳川吉宗が、庶民の要求や不満などを聞くため、評定所（最高裁判所）の前に設置した投書箱のこと。役人の不正を正し、行政の厳正を図るため、鍵をかけたまま将軍のところに持っていき、将軍自身が封を切って読むという仕組みになっていた。

（128）江戸時代に幕府が庶民に作らせた組織。家主を構成員とし、五戸を一組として編成された連帯責任、相互扶助の組織であり、農民、町民などに対する支配組織として機能した。一般にキリシタンや犯罪人などの治安取り締まりと、年貢納入の連帯責任を合わせ持っていた。

（129）五人組や火消組など、各組の頭として組衆の指揮監督に当たった者。組員を監督・世話し、組内の問題に責任を負った。村では名主や庄屋の助役として事務を取り扱い、江戸などの火消では与力や同心を従え消防と警備に当たった。

（130）江戸時代、同心や目明かしなどの捕吏《ほり》が携帯した道具、十手《じって》のこと。攻撃を防いだり、打ったり突いたりするのに用いた。「人々はこの棒を、ちょうどイギリス、アメリカの治安警察官の警棒のように思っており、民衆の蜂起や騒動にさいしては驚くばかりの敏活さで抑えることができる」（ハイネ『世界周航日本への旅』一五八ページ）。

（131）奉行所や関所に詰めている番人「御番所衆《ごばんしょしゅう》」ではなく、江戸幕府が監視と調査のために派遣した役人「御番上使《ごばんじょうし》」かと思われる（シーボルト『日本』第二巻、三九九ページを参照）。

(132) 「日本人は秘密裏に、すなわち内証で行なわれるすべてのことに共通する言葉をもっている。そのことを彼らは「内聞《ナイブン》」と呼んでおり」（フィッセル『日本風俗備考』第一巻、五二ページ）。

(133) 「新しい法律の公布にさいしては、各町各村でその法律を大声で読みあげ、そののち一定の場所にそれを掲示するなどし、人民に徹底させるための配慮が払われている」（ハイネ『世界周航日本への旅』二二八ページ）。

(134) 「日本人は清潔な国民である。誰でも毎日沐浴する。職人、日雇の労働者、あらゆる男女、老若は、自分の仕事を終ってから、毎日入浴する。下田には沢山の公衆浴場がある。料金は銭《ぜに》六文、すなわち一セントの八分の一である！ 富裕な人々は、自宅に湯殿をもっているが、労働者階級は全部、男女、老若とも同じ浴室にはいり、全裸になって身体を洗う」ハリス『日本滞在記』中巻、九五ページ）。

(135) 「浴場それ自体が共同利用で、そこでは老若男女、子供を問わず混じり合ってごそごそとうごめき合っているのである」（ハイネ『世界周航日本への旅』一三三ページ）。ハイネ筆・木版画「下田の公衆浴場」がとくに有名（ウィリアムズ『ペリー日本遠征随行記』挿絵、三〇三ページ)。

(136) 「外見上は、それは料亭に似ていて、人々は、茶や酒《サキ》その他の飲料を飲み、音楽を聞き、あるいはその他の娯楽を楽しみに行くのである」(ハイネ『世界周航日本への旅』二四〇ページ)。

(137) 「一般に人々はその起源が将軍頼朝《ショーグンユリトモ》にあると思いがちであるが、頼朝は、自分が大きな戦争をする際に、その軍隊の慰安のために、また軍隊と自分との結び付きをより強固にするために、いたる処で、このような茶屋に特権を与えたのである」(フィッセル『日本風俗備考』第一巻、七九ページ)。

(138) 「この家々の中に日本人たちは、一瞬の間彼らの日々の仕事への気晴らしを求めて、それがわれわれヨーロッパでは、規則的にであろうと、時々であろうと、いわゆるコーヒー・ハウスを訪れるのは、あたりまえのこととなっているように、彼らの人格には最小限の汚点をも与えることとなしに、入ったり出たりするのである」(メイラン『日本』六二ページ)。

(139) 「既婚の男たちは、多くの機会に妻たちを、このような家に連れて行き、音楽、婦人の手仕事、文学などを伝授させてもらったりする。つまり日本婦人の教養のための大学コースを取らせるのである」(ハイネ『世界周航日本への旅』二四一ページ)。

(140) ハンブルクはドイツ北部にある港湾都市。ヨーロッパの交通の要所で、国際市場。かつての城壁を貫く西門の一つミラーン門の近くに、ハンブルガーベルクと呼ばれる売春街があった。

(141) ティチング「農民、職人及び商人の婚礼の際にみられる儀式についての記述」『日本風俗図誌』二七六―三四六ページを参照。「日本においては、結婚はただ民間人の契約として見なされているが、そのとおりである。しかし、それに対する祝福式が、いつか聖職者たちを必要としている」(メイラン『日本』二〇九ページ)。「ティチングは、結婚は宗教的儀式を伴わないと言っているが、メイラン……などは、その反対のことを述べており」(ハイネ『世界周航日本への旅』二三三ページ)。

(142) 雄蝶と雌蝶とは、婚礼のときに三三九度の酒を注ぐ役の男児と女児のこと。場合によっては、男児二人または女児二人のこともある。「二人の若い娘が酒を注ぐ。この娘たちの一人を雄蝶といい、別の一人を雌蝶という」(ティチング『日本風俗図誌』二九四ページ)。「日本人が「蝶」(雄蝶・雌蝶)と呼ぶ花婿、花嫁の付添人が二人を囲む」(ハイネ『世界周航日本への旅』二三三ページ)。

(143) 「若き花嫁花聟は両親に伴れ、手に松火を持って、特に設えられた祭壇に向かって進む。神官が祈禱を口ずさむ間に、花嫁は一つの燈火から自分の松火に火をとり、続いて花聟は花嫁の松火から自分の松火に火を移す」(ツンベルグ『日本紀行』三〇七ページ)。

(144)「戸主である男性には、正妻のほか、良いと思うだけの数の内縁の妻をもつ権利がある。また夫は、正妻を自由意思で離別することもできる。しかし、姦通や不妊等々のような理由による法的な離婚がなされない限り、夫はその妻をその地位にふさわしく扶養しなければならない」(ハイネ『世界周航日本への旅』二三〇ページ)。

(145)「訴訟事件、または公けの文書においても、妻というものは一人格とは見なされないし、そしてまた妻の証言は何ら決定的な結論を導き出すことができない」(フィッセル『日本風俗備考』第一巻、九五ページ)。

(146) 中国の昔の風習で、美人の条件とされた小さな足にするために、幼女のころから親指以外の足指を内側に曲げて布で縛り、発育を抑えたこと。かつては纏足をしないと嫁入りができず、男性が魅力を感じないと言われ、封建社会における女性の隷属的地位を物語っていた。

ペリーが「シナの女たち」を見た広東《カントン》では、「人をうんざりさせるような足どりで、びっこをひきながら家路に向かうのが見られるが、彼女の方は、この人をうんざりさせるような足どりを大変誇りに思っていて、しかも大足をした女の俗悪さに最大限の軽蔑を示すのである。/七、八歳、または九歳の娘たちは、自分たちに将来、一段と高い社会上の地位を約束することだとして、自分たちの足を圧縮〔纏足〕してほしいと、両親にせがむということを、私は教えられた」(ペリー『日本遠征日記』二四一ページ)。

(147) 一フィートは約三十センチなので、三十フィートは約九メートルになる。「人家は二階以上のものはない。そして高さ約十オーヌ程である。二階には人は滅多に棲まず、これを納屋又は倉に使っている」(ツンベルグ『日本紀行』四二五ページ)とある。一オーヌは約一・二メートルなので、十オーヌは約十二メートルになる。「個人個人の家は六尋を超えてはならない。また、倉庫として建てたものでないかぎり、そんな高さを持つ建物はほとんどない」(ティチング『日本風俗図誌』二七〇ページ)。尺貫法の一尋《ひろ》は一・五から一・八メートルなので、六尋は九から十メートルになる。

(148) ツンベルグの『日本紀行』には、「家は一般に広いが、二階以上のことはない。その階下だけに人が棲んでいて、他は納屋に使う」(ツンベルグ『日本紀行』一一三ページ)とあるが、別のところでは、「江戸の家屋は、日本の他の町と同じで、二階建で、その階下には滅多に人が住まない」(ツンベルグ『日本紀行』一六二ページ)とある。ティチングの『日本風俗図誌』では、「二階建てといっても、一階は非常に低く、普段使用するのに必要な品をしまっておくという目的以外にはほとんど使われていない」(ティチング『日本風俗図誌』二七〇ページ)とあり、メイランの『日本』では、「家は、大多数はただ一階のものだが、たいていは二階かそれ以上の階の高さを持つものである。二階建ての家は、最下階はきわめて低く、そしてあらゆる種類の必需品の貯蔵に役立っているか、または、あれやこれやの小商いをする商店として、彼らに役立っている」（メイラン『日本』一八ページ）とある。ウィリアムズの『ペリー日本遠征随行記』では、「屋根裏は一部屋であるが、一般には寝室としてよりも物置として使われているようである」（ウィリアムズ『ペリー日本遠征随行記』三六八ページ）とある。

(149)「商人や農民は特殊な蔵をもつ。これは通常の白木の家とは反対に、火事に強い白いモルタルが塗られているか、あるいは一部石造でできている」（ハイネ『世界周航日本への旅』一三一ページ）。

(150)「われわれが江戸湾にいる間にも、空のそこここから火事のために赤くなっている夜が多かった」（ハイネ『世界周航日本への旅』一三二ページ）。

(151)江戸時代、各都市に設けられた消防・警備のための組織で、火消役の下に与力や同心をもって組織されたのが火消組である。

(152)火消役の士民が火事場に出動する場合の服装。消火を専門とする火消が用いた実用的な衣服と、武士が警備のために用いた装飾的なものがある。

(153)「すべての武士、将軍の家来や幕府に仕えて文官の職にある者はすべて罪を犯したとき、みずから腹を切らねばならないが、……こういう理由から、すべて幕府の役人たちは、いつも着ている服、火災の際に着用する衣服のほかにさらにこのような際に必要な衣服を用意しており、家を離れて旅するときにはいつもその衣服を持って行く」(ティチング『日本風俗図誌』二二八ページ)。

(154) 「これらの部屋はふつうの仕切りの壁とか、随時、前に出したり後ろに引いたりすることのできる一種の屏風のようなもので仕切られ、部屋が大きくも小さくも何か必要な場合に自由になるようにできている」(ティチング『日本風俗図誌』二七一ページ)。「日本のものは皆引き戸である。ドアや窓と同じく、上下に溝を走らせたり、あるいは場合によっては左右に移動させることもできる。だから、間仕切りを全部わきにどけて、いくつかの部屋を一つの大部屋にしてしまえるし、それどころか家の外側を全部開け放ったり、閉じたりもできるのである」(ハイネ『世界周航日本への旅』一三一ページ)。

(155) 「床は常に厚さ三プース乃至四プース、長さ一ブラス、幅半ブラス、青又は黒の布で縁をとった敷物で掩ってある。この敷物の大きさはこの国中いづこに行っても同じ」(ツンベルグ『日本紀行』四二六—四二七ページ)。「床には厚い二重の敷物が敷いてあり、縁には房の付いた飾りや刺繍というような装飾が施してある。この国の法律あるいは慣習に従うと、それらの敷物はみな長さ六フィート、幅三フィートでなければならない」(ティチング『日本風俗図誌』二七一ページ)。「主な部屋々々の床は畳で覆われているが、これは底に藁で裏打ちがしてあるため、柔らかく、しかも厚くなっている。これらの畳は、帝国のきまりで、幅三フィート長さ六フィートの統一した大きさのものであり、しかも一見して縫い合わせてあるかのように、大変精確な床の上に列をなして敷きつめられている」（ペリー『日本遠征日記』三九五ページ）。

（156）「この枕は一フィートくらいの長さの小箱で、中ほどのところがいくらか丸く凹んでおり、そこに頭をのせ、後頭部はまったく自由に浮かしている。……そこには、通常小さな引出しがついていて、櫛、歯ブラシ、歯磨き粉、白粉、ポマードなど化粧室に欠くことのできないものが入っており、これが事実上日本人の寝台《ベット》になっている」（オイレンブルク『日本遠征記』上巻、九八ページ）。

（157）「各人家の便所が往来の方に向いて開いていて、往来のものが地並に埋けた甕のうちに放尿が出来るようになっている。この糞便及び土地の肥料として堪念に積めてある汚物は、殊にこの大暑には、堪まらぬ耐え難き腐敗臭を発散させる」（ツンベルグ『日本紀行』一三七ページ）。「人間及び動物の糞便その他の汚物を小水又は水のうちに溶解させ、このなんともわからないものを桶二つに入れて畠に担ついで行く」（ツンベルグ『日本紀行』三六八ページ）。

（158）「家の中や、街角あるいは田舎道に大きな桶が置かれ、その中に、植物・動物のありとあらゆる汚物が投げ込まれるからである。このため道は非常に清められ美しいが、それだけにその桶のそばを通るときは、鼻をつままなければならなくなるのである。しかし通行人はそこに「無遠慮にも」人間の排泄物をも入れるからなおさらである。家々には、そのような桶を置いた小部屋〔手水場〕が二つある。……この特別な離れ家の外には、清らかな水とすぐ手を拭くための布が置いてある。まさに田園風、かつ良俗的なものである！」（ハイネ『世界周航日本への旅』一三三―一三四ページ）。

（159）街道筋の距離を知るために、江戸の日本橋を起点として一里（約四キロメートル）ごとに築かれた塚のこと。街道の一里ごとに土を高く盛り、塚の上にはエノキやマツを植えて、旅人に距離を教えていた。「里程は棒杭に記されている。同時にこの棒杭が四辻にある時は、旅人が道を迷わないように道標にもなっている。／……凡て道路の里程は江戸なる日本橋から起算してある」（ツンベルグ『日本紀行』一〇七―一〇八ページ）。

（160）南アメリカのペルー高原を中心に、中央山地の太平洋岸、アンデス山脈に沿った地域に分布したインカ道のことか。ペルー南部のクスコを中心に、海岸と山岳部を結ぶ道路網が発達していて、アンデス山中、北はエクアドルから南はチリに及ぶ。

（161）江戸時代の宿駅などで、旅人を食事付きで宿泊させた宿屋のこと。交通量の増大に対応して整備された。

（162）一ドイツ・マイルは約七・五キロメートル。宿駅とは、街道の要所にあって、旅人を宿泊させたり、荷物の運搬に要する人馬を継ぎ立てたりするところ。江戸時代に入って、街道の整備にともない、宿場町として栄えた。

(163) ドイツ東部の都市。商工業、交通、文化の中心地。古来より南東ヨーロッパとの交易の要所で、十五世紀に興隆し、十七世紀以降ドイツの政治・経済の中心となる。十九世紀には鉄道の交わるところから各種の工業が発達した。

(164) 人を乗せ上に棒を渡して前後から担いで運ぶ乗り物。江戸時代に盛んに使われた。身分の高い者が用いる側面に戸が取り付けられた精美なものを乗物《のりもの》と呼び、一般庶民が乗る簡素なものを駕籠《かご》と呼んだが、両者の区別は必ずしも明確ではない。「ノリモノは馬車の胴体の一種の如きもので、薄き板及び竹枝で出来ている」(ツンベルグ『日本紀行』九五ページ)。

(165) 金属板をくり抜いて模様を打ち付けた硬貨を打製貨幣といい、金属を溶かして型に流し込んで作られた硬貨を鋳造貨幣という。「日本人は大小種々なる銅貨、真鍮貨、鉄貨を指してゼニと云う。これは鋳型で鋳造したもので、中央に直径二リーニュの四角な穴がある。この穴により、藁紐にゼニを通して、勘定をしたり、手軽に持ち運びが出来る」(ツンベルグ『日本紀行』四九六ページ)。

(166) 藩札のこと。江戸時代に諸藩が発行した紙幣で、領内のみで通用した。藩の財政難を救済するために乱発したため、藩札の相場が下落して混乱を生じることになった。

(167) 「日本人の漆器の美に対抗しうる国民はいづこにもない」(ツンベルグ『日本紀行』四五〇ページ)。「日本の漆器は支那及暹羅の漆器に比し遙かに上質である。従って外の国で出来る上等のものよりも更に上質である」(ツンベルグ『日本紀行』四五八ページ)。

(168) カミヤツデの幹の中心部にある白くて大きい髄を周囲から薄く剝いで紙状にしたもの。書画用紙などに利用される。製紙法については、ツンベルグ『日本紀行』四五一—四五八ページが詳しい。

(169) 一八五四年に二度目の来航をしたペリーは、幕府に四分の一の大きさの蒸気機関車、電信機などを贈っている(ペリー『日本遠征日記』四七八ページ、ウィリアムズ『ペリー日本遠征随行記』二一八ページ)。「わが鉄道、電信その他の機械は、日本の地で作動し、称賛と感動を捲き起こした。現在でも、幕府高官は、日本人にこの有用な発明品の使用についてアメリカ人が伝授してもよいという法を公布しようとしている」(ハイネ『世界周航日本への旅』一八〇ページ)。「われわれは、陸に電信機を設営しました。それは一マイルの長さで、世界にあるほかの機械と同様に完全なもので、これを使って英語、オランダ語、日本語で通信してみせました。また合衆国から送られた鉄道、つまり蒸気機関車、炭水車、客車を動かし、驚嘆する多くの人々を乗せました」(ハイネ『世界周航日本への旅』三一五ページ)。

(170) 古くからの化粧法で、一般には成年のしるしとして、江戸時代には既婚女性のしるしとして行われていた。歯を黒く染めるのは「お歯黒《はぐろ》」、まゆ毛を抜いたり剃ったりして、そのあとに墨で描くのは「引眉《ひきまゆ》」という。「歯を黒く染めるのは既婚の女性を区別するしるしであって、結婚するとすぐ歯を黒くする者もあれば、はじめて妊娠したときに黒く染める者もある」（ティチング『日本風俗図誌』二八三ページ）。「一人の娘が十六歳から二十歳の青春の年頃で結婚し……。娘の象牙のように白い歯は黒く染められ、眉はそりおとされ、唇も染められ、また彼女のばら色の顔もまっ白く塗られる」（フィッセル『日本風俗備考』第一巻、九三ページ）。

(171)「将棋は大いに好まれる。だがこれは、われわれの国で同名で知られている遊び〔チェス〕とはまったく違うものである。球戯、凧揚げ、的あての弓矢遊び、花札も好きである。海や川の上の船遊びもよくやる」（ハイネ『世界周航日本への旅』二三四ページ）。

(172) 日本の弦楽器。十四世紀に中国の三弦《さんげん》が琉球に伝わって三線《さんしん》となり、十六世紀に三線が日本に伝わって三味線となり、江戸時代に全国に普及した。「日本人は大の音楽愛好家である。……だが私が見たのは、リュート〔三味線〕、ツィター〔琴〕、非常に簡単な構造のフルート〔尺八〕と太鼓だけだった」（ハイネ『世界周航日本への旅』二三四ページ）。

(173)「演劇を見にくる婦人たちは、演技の最中に、自分たちの衣装がいかにたくさん豊富にあるかを誇示するために、二度も三度も衣装替えをするし、またそれを贅沢、豪奢、流行を語る何よりの話題とするのである。このため、日本の奥様連は、自分の幾揃いかの衣類を携えてお供をするための召使として、一人の人間をお供に連れている」(フィッセル『日本風俗備考』第二巻、七一ページ)。

(174) ジャンシニー『日本・インドシナ・セイロン――絵画の世界・各国の人々の歴史描写』(一八五〇年)。Dubois De Jancigny, *Japon, Indo-Chine, Empire Birman (Ou Ava), Siam, Annam (Ou Cochinchine), Peninsule Malaise, etc., Ceylan*, Paris, 1850, p. 97.

(175) 「季節を通じて、またすべての月を通じて、日本ではお祭が行なわれる。すなわちみんなが揃って参加する楽しみ、いわば大好きな行事が、毎月にわたって行なわれるのである」(フィッセル『日本風俗備考』第二巻、七五―八二ページ)。日本の年中行事は、メイランの「日本の十二の月の終りまでの間のいくつかの特殊な行事について」(メイラン『日本』一八五五―一九九ページ)に詳しい。

(176) 「特別な会合または行事に際しては、常にお互いに贈物を交換することが、欠くことのできない儀礼となっている」(フィッセル『日本風俗備考』第二巻、四五ページ)。

(177) カール・アウグスト・フォン・シュトルーエンゼー(Carl August von Struensee, 1735-1804)のこと。一七九一年から一八〇四年まで、プロイセン王国の財務大臣、枢密顧問官を務めていた。著書に『国家経済の重要な対象について』(一八〇〇年)などがあり、教養のある政治家として知られていた。

(178) ヨハン・ゴットリープ・フィヒテ (Johann Gottlieb Fichte, 1762–1814) は、ドイツの哲学者、イェナ大学教授、ベルリン大学学長。日本の鎖国政策にも通じる『閉鎖商業国家』(一八〇〇年) を著し、近代の自由貿易に対して、自給自足のできる経済的に自立した商業国家を説く。のちにフランス占領下のベルリンで『ドイツ国民に告ぐ』(一八〇七—〇八年) と題する講演を行い、ドイツ国民の愛国心を喚起した。

(179) アヘン戦争 (一八四〇—四二年) の結果、中国はイギリスに降伏して南京条約を結び、フランス、アメリカとも同様の条約を結んだ。これによって中国は、開国と自由貿易を強制され、半植民地化していった。

(180) 一八五二年の「日本皇帝宛ての合衆国大統領書翰」にはつぎのようにある。「われわれは貴皇帝陛下の政府の古来の諸法律が、〔シナ人及び〕オランダ人以外との外国貿易を許していないことを知っています。しかし世界の状態は変っていますし、しかも新しい政府がいくつも作られていますから、時折りは新しい諸法律を作ることが賢明だと思われます」(ペリー『日本遠征日記』四三六ページ)。一八五三年、アメリカ海軍のペリーが東インド艦隊を率いて浦賀に来航し、日本に開国を迫り、ペリーは翌年にも来航して、ついに日米和親条約を結んだ。オランダ、ロシア、イギリス、フランスも同様の条約を結んで、日本は開国することになった。そして一八五八年には、不平等な通商条約、安政五か国条約が結ばれる。

(181) フビライ＝ハン（Khubilai Khan, 1215–1294）は、チンギス＝ハンの孫で、クビライともいう。モンゴル帝国の第五代皇帝で、元の初代皇帝。一二七四年と一二八一年に日本征服を企てたが、二度とも暴風雨が起こって失敗に終わった。元寇、蒙古襲来、文永・弘安の役ともいう。このときの大風は、のちに「神風」と宣伝された。

(182) アメリカ艦隊のハーバーシャム艦長のことか。著書に『私の最新の航海記』（一八五七年）、『北太平洋の調査と探検』（一八五八年）など。Alexander Wylie Habersham, *My Last Cruise. Where We Went und What We Saw*, Philadelphia, 1857, p. 213. Alexander Wylie Habersham, *The North Pacific Surveying and Exploring Expedition*, Philadelphia, p. 299.

(183) 一八四六年、フランスの軍人クロード＝エティエンヌ・ミニエーが開発した小銃。射程距離が長く、命中精度にすぐれたライフル銃であり、オランダ、イギリス、アメリカなどでも製造された。

(184) 羅森『日本日記』六三七—六三八ページ。「要するに義と利の差にほかなりません。古今を通じて、千百万年、治乱興亡、和戦の要めすべて必ずこのことによって決せられています。万国交際の道は、この道を講ずることから始めなければなりません。次は兵を訓練し武備を計り、天に代って不義を討つことでありますが、その備えは各国君主にとって、一日もゆるがせにすることができません。ところが、天下泰平がつづくと、瞬く間に、その備えが衰えてしまいます。我が国はその点に深く省みて、近頃兵を訓練し武備を計っています。砲術訓練や造艦事業が、日ましに発展しています。やがて湯武の率いたような立派な兵ができ上るでしょう。そうなって始めて、万年に亘って持続する太平を保つことができます。そうでなければ、奸臣や巨賊が世の中を暴れまわり、天下を脅かして、征伐ができなくなります。あるいはまた全地球のなかが弱肉強食の状態となり、虎狼の交わりと殆んど異ならない有様となります。こんなことになれば、父母の心を抱く上帝鬼神は、その赤子が互いに欺き互いに争うのを眺めて、心を傷めることでしょう。全世界には、各国に賢君英主が居並んでおり、その人に乏しくはありません。率先して天道を行うのは、一体誰でしょうか。現在は世界の形勢が一変し、各国君主は天地のために心を配り、人民のために政治をする時代になっているのだと思います」（羅森「ペリー随伴記」野原四郎訳『外国人の見た日本』第二巻、六六ページ）。

(185) 江戸幕府の監察役である徒目付《かちめつけ》の平山謙二郎（一八一五—一八九〇）のこと。一八五四年のペリー再来航のとき、ペリーの応接に当たる。日米和親条約の日本文を漢文に翻訳して、アメリカ側に渡した。

(186) ペリーの通訳者ウィリアムズが、平山謙二郎から羅森への手紙の一部を意訳して引用している。「広大無辺のこの世界の中に、『天帝』Heavenly Ruler の赤子にあらざる者が果してありえようか。われら天帝の子たちの間では、各自の同胞《はらから》の間で行なわれているように、礼節、誠実、親愛、正義が日常を支配しなければならない。しかし、もし利欲にとらわれて、事が極端に走れば、それは恥ずべきことであり、それについて口にすべきではない。それにもかかわらず、軍事事件や、騒乱、虐殺、戦争の必然的な様態について論ずることは、会談や調査を続けていくうえで価値がないとはいえない」（ウィリアムズ『ペリー日本遠征随行記』二五一ページ）。

(187) Karl Friedrich Neumann, Das Reich Japan und seine Stellung in der westöstlichen Weltbewegung, in: *Historisches Taschenbuch*, 3. Folge, 9. Jahrgang, 1858, S. 130f.

(188) 古代中国の名君、殷《いん》の湯王と周《しゅう》の武王のこと。夏《か》の暴君桀王《けつおう》を討った湯王は殷王朝を開き、殷の暴君紂王《ちゅうおう》を討った武王は周王朝を開いた。このように、天下のために悪王を討伐して都から追放することを、湯武放伐《とうぶほうばつ》という。

(189) 一八五四年に日本は、アメリカ、オランダ、ロシア、イギリス、フランスと和親条約を結んで開国した。

解説

一　ローゼンクランツについて

ヨハン・カール・フリードリヒ・ローゼンクランツ（Johann Karl Friedrich Rosenkranz）は、ヘーゲル学派に属するドイツの哲学者である。一八〇五年四月二十三日にドイツのマグデブルクで生まれ、ベルリン大学、ハレ大学、ハイデルベルク大学で神学と哲学を学んだ。一八二八年にハレ大学で教授資格を取得し、一八三一年にハレ大学の准教授、一八三三年にケーニヒスベルク大学の教授となる。一八七九年六月十四日にケーニヒスベルクで亡くなるまで、きわめて広汎な著作活動を展開して、文化と学問の発展に貢献している。

おもな著作に、『神学的諸学のエンチクロペディー』（一八三一年）、『教育学の体系』（一八四八年)、『学問の体系』(一八五〇年)、『醜の美学』(一八五三年)、『論理的理念の学』(一八五九年)などがある。伝記には、『カント哲学の歴史』(一八四〇年)、『シェリング講義』(一八四三年)、『ヘーゲル伝』(一八四四年)、『ゲーテ伝』(一八四七年)、『ディドロ伝』(一八六六年)などがあり、自伝に『マグデブルクからケーニヒスベルクへ』(一八七八年)がある。また、論集には、『研究論文集』(全五巻、一八三九—四八年)と『新・研究論文集』(全四巻、一八七五—七八年)がある。これらのうち日本語に翻訳されたものはつぎの三冊である。

ローゼンクランツ『魯氏教育学』国府寺新作訳、一八九〇年(複製、国書刊行会、一九八一年)。

カール・ローゼンクランツ『ヘーゲル伝』中埜肇訳、みすず書房、一九八三年。

カール・ローゼンクランツ『醜の美学』鈴木芳子訳、未知谷、二〇〇七年。

二 『新・研究論文集』第一巻『文化史の研究』について

ローゼンクランツの「日本国と日本人」は、もとは、一八六〇年二月二十四日のケーニヒスベルク自然経済学会での講演であり、その後、『新・研究論文集』第一巻『文化史の研究』(一八七五年、三二六—三五九ページ)に収録された論文である。参考までに、『新・研究論文集』

Neue Studien

von

Karl Rosenkranz.

Erster Band:

Studien zur Culturgeschichte.

Leipzig, 1875.

Erich Koschny

(L. Heimann's Verlag).

『新・研究論文集』第一巻
『文化史の研究』扉

（全四巻）の構成を示しておく。

『新・研究論文集』（全四巻、一八七五―七八年）
第一巻　文化史の研究（一八七五年）
第二巻　文学史の研究（一八七五―七八年）
第三巻　文学史と文化史の研究（一八七七年）
第四巻　文学史、近代ドイツ哲学の歴史、とくにヘーゲル哲学の歴史（一八七八年）

なお、『新・研究論文集』の第一巻『文化史の研究』には二十三の小論が収められている。本書は、その中の第十七章「日本国と日本人」を訳出したものである。『新・研究論文集』第一巻『文化史の研究』については、目次のみを示しておきたい。

『文化史の研究』（一八七五年）
第一章　人類の解放（一八三七年）
第二章　大学での決闘（一八三七年）

第三章　決闘の強制を止めること（一八四三年）
第四章　政党の概念について（一八四三年）
第五章　ヘルダー生誕百年祭での講演（一八四四年）
第六章　ペスタロッチ生誕百年祭での講演（一八四六年）
第七章　ディンター生誕祭での講演（一八四八年）
第八章　共和制と立憲君主制（一八四四年）
第九章　ウンガーによる原始世界の風景画（一八五二年）
第十章　時代および民族による自然感情の違いについて（一八五二年）
第十一章　ヴェネツィア（一八五三年）
第十二章　主題による絵画の分類（一八五三年）
第十三章　芸術の世界史的な取り扱いにおけるいくつかの困難について（一八五六年）
第十四章　有限な宇宙の静止にかかわるヘルムホルツの証明について（一八五六年）
第十六章　世界史における現代の宗教について（一八五八年）
第十七章　日本国と日本人（一八六〇年）
第十八章　人類の歴史（一八六二年）

第十九章　造形芸術によるキリストの描写について（一八六二年）
第二十章　最近の地理上の発見と人類の来たるべき将来について（一八六五年）
第二十一章　中国の舞台芸術（一八六六年）
第二十二章　インドシナ（一八六八年）
第二十三章　世界都市へと発展するパリ（一八七〇年）
第二十四章　文明の進歩と停滞（一八七二年）

なお、目次の第十四章と第十六章のあいだに第十五章が欠けているが、これは、原注によれば、「植字工の見落とし」によるものである。

三　ケーニヒスベルク自然経済学会について

ローゼンクランツの講演「日本国と日本人」が行われたケーニヒスベルク自然経済学会については、学会の機関誌である『ケーニヒスベルク王立自然経済学会誌』（*Schriften der Königlichen Physikalisch-Ökonomischen Gesellschaft zu Königsberg*, 1. Jahrgang, 1. Abtheilung,

Königsberg, 1860) に、その歴史がつぎのように語られている。

自然経済学会はそもそも、プロイセンの産業の発展と文化の振興を目的として、一七九一年に東プロイセンのモールンゲンに設立された学術団体である。東プロイセンのケーニヒスベルクに農業経営者のための図書施設が作られると、二つの組織は統合され、一七九九年にモールンゲンの自然経済学会はケーニヒスベルクに移る。以来、経済学と自然科学の知識でもって東プロイセン地方の農業と食糧事情を改善するために発展していく。

十九世紀に入ると学会活動の重点が変わり、生物学、鉱物学、自然地理学などの博物学に関する新しい知識を求めるようになる。また、財政や経済や技術の観点から、自然科学的知識の普及によってプロイセンの学術文化や産業を支援するようにもなる。学会には自然史、自然科学、財政、数学、医学、歴史統計学という六つの部門が置かれていた。

一八三〇年代には、百名を超える会員によって毎月のように会合がもたれ、学術講演会が開かれていた。農業にかかわる実践的な活動よりも、純粋に自然科学的な対象に重点が置かれるようになり、公開講演会が盛んに行われている。シーボルトも講演をしている。

一八六〇年以降は、月一回の会合がもたれ、年二回の機関誌『ケーニヒスベルク王立自然経済学会誌』が発行されるようになる。学問的な研究と実践的な生活とを媒介するという学会の当初の意義を果たすべく、アジアやアメリカやアフリカについての講演など、世界の新しい知見を紹介する講演が公開で行われていた。

このようにしてケーニヒスベルク自然経済学会は、自然科学上の有用な知識を広く一般に伝えるとともに、プロイセン地方の博物学の研究にも貢献していたが、一九四五年にケーニヒスベルクがソビエト連邦に併合されるとともに、その幕を閉じることになる。

四　ローゼンクランツの講演について

学会の歴史を語る『ケーニヒスベルク王立自然経済学会誌』第一巻第一号（一八六〇年）には、また、ローゼンクランツの講演「日本国と日本人」の要旨が掲載されている。以下は講演記録の翻訳である。

ケーニヒスベルク自然経済学会での公開講演会（一八六〇年二月二十四日）

ローゼンクランツ教授は「日本国と日本人について」という講演を行った。講演は、日本事情を伝えている旅行者や著者について短く紹介するところから始まって、そこから、日本列島の位置と形状、その性質を特徴づけていき、そして日本の植物や動物の特徴を語るものだった。

それに続いて日本の歴史が概観されたが、それというのも、歴史の概観によって、日本の国家体制の独自性がよりよく理解されるからである。日本は中国の文化圏に属しているものの、しかし他の東洋の国々とはまったく異なった外面的特徴をなしている。というのも、アジアの国々が大陸国家であるのに対して、日本は本質的に海洋の島国だからである。自然という観点から言っても、炎を吹き上げる火山の脈や、岩や岸辺にぶち当たって砕け散る波によって、日本は平穏な静寂のうちに安寧としていることはできず、活発な動きを続けるように強いられている。

日本の国家体制はおよそ封建体制ではあるが、しかし個々の領主は君主の持つ強い権力のもとに従い、しだいに権力を集中させてきた。日本の官僚制度は中国の官僚制度をまねて作られてはいるものの、日本においては、世俗的君主である公方様と精神的君主である内裏様とが対立しながら並び立つことで、専制君主の持つ絶対的権力を和らげている。内裏の権力が外面的には大きく制限されているとしても、その権威は、宗教、芸術、学問などのあらゆる事柄において、もっとも大きな影響力を保持している。内裏は初代天皇の子孫であり、公方の位階は摂政という代理人の地位から生じたものであって、代々世襲によって受け継がれている。

また、日本では厳格な法が支配しているから、どのような人も法の下では平等である。公正な司法制度への信頼があって、しかも公平に運用されているので、他のアジア人には欠けているこの確かな実行力が、わずかではあるが日本人に自信と誇りを与えている。

ここからローゼンクランツ教授は、日本の社会状況を、教育、習慣、娯楽、音楽、演劇、旅行、文通などの点から描き出した。日本人は、卑屈というよりもむしろ丁寧な振る舞いによって、物質的な享楽というよりもむしろ社交的な態度によって、規律正しく自分の責任を全うし、しかも冗談を言って和むこともできる。中国人には見られなくなったこれらのものにより、日本人との交際はきわめて好感の持てるものとなっている。

日本人の技術的な能力は一般に、理想的ともいえる高い段階に達している。日本人はだれでも読み書きを学び、学ぶべきものがあれば、それには図解された本があって、広く一般に行き渡っている。オランダ人は日本人のために、ヨーロッパの文献の中でも厳密な学問領域に属するもっとも重要な作品を伝えており、それらは日本語に翻訳されてもいる。

概して東洋の文化が現実を離れた理想や空想にとどまっているのに対して、日本の文化は理想を現実のものとしているのである。

そこからローゼンクランツ教授は、結論に向かうにあたって、最近の日本と、フィヒテが十九世紀のはじめに導き出した閉鎖商業国家とを比較していく。

イエズス会士たちは布教に熱心なあまり、政治的なかかわりをも持ち、皇位の継承争いにも巻き込まれてしまった。その結果、すでに数百万人もの信者を獲得していたにもかかわらず、キリスト教は日本国内ですでに力を持っていた他の宗派から攻撃され、そしてついには日本から永久に閉め出されてしまった。これによって日本は自分の中に完全に閉ざすことになったのである。

それまでの日本は、大きな船を作って海外に渡航したりもしていたが、それ以後は、中国とオランダに限って必要なだけの交易を行い、しかも、長崎にある出島という小さな港にオランダとの交流を制限した。しかしそれにもかかわらず、日本は衰退することなく、二百年ものあいだ世界史の中で他に類を見ないほど活発に活動して、進歩を続けることができた。大砲、鉄砲、弾薬は日本国内の工場で製造され、日本の軍隊はよく訓練されていた。日本人は祖国を愛していたが、その反面、国民の意識としては、中国人と同じように、他国を野蛮人とみなして見下してもいた。
だが、世界史の中に登場したもっとも新しい国のひとつ、すなわち北アメリカが、いまや日本をその孤立から解放した。日本はあらゆる国々に開かれたのであり、プロイセンもまた日本に遠征隊を送ろうとしている。日本人が自国にかなり長い間閉じこもっていて、運よくその中で満足していたにもかかわらず、鎖国を解いたのは、素朴な欲求からでも熱心な布教からでもなく、商売や征服への欲からでもなかった。日本があらゆる国々に開かれたことを、日本人は後悔することはないであろう。ローゼンクランツ教授の講演はこのような希望によって締めくくられた。

以上が、ローゼンクランツがケーニヒスベルク自然経済学会で行った講演の記録である。

五　ローゼンクランツの日本論について

ローゼンクランツは講演の中で、フィヒテの閉鎖商業国家が日本の鎖国において実現していると語っていた。この点に着目した小堀桂一郎は、ケンペルからフィヒテへとつながる鎖国論を想定して、ローゼンクランツの講演を日独交流史の中に位置づけている。

ヘーゲル派の哲学史・文化史家カール・ローゼンクランツは一八六〇年正月早々、ケーニヒスベルクの自然経済学会で『日本及び日本人』（Japan und die Japaner）と題する講演を行なった。これは、折しも一八五九年八月プロイセン政府の遣日使節派遣の企てが正式に決定し（一八六〇年〔万延元年〕三月出発、九月江戸湾着）、使節団編成準備のため極東への関心がひときわ高まっていたプロイセンの一部知識人達の要望に応えたものだった。

（小堀桂一郎『鎖国の思想――ケンペルの世界史的使命』中公新書、一九七四年、一九二―一九三ページ）

そこからさらにもう一歩踏み込んで、小堀桂一郎は、森鷗外とケンペルを結びつけながら、ローゼンクランツの講演の目的をつぎのように説明している。

ヘーゲル学派の哲学史家であるカール・ローゼンクランツの評論集（Karl Rosenkranz: *Neue Studien*, 1875）に収録されている「日本及び日本人」（Japan und Japaner）なる講演録……は一八六〇年（万延元）プロイセン王国の遣日使節団の渡航を前に、使節一行に日本国についての一通りの予備知識を授けるために行われた講演だった。

（小堀桂一郎『森鷗外――日本はまだ普請中だ』ミネルヴァ書房、二〇一三年、一四五―一四六ページ）


ローゼンクランツの講演が、小堀桂一郎が想定するように、「プロイセンの一部知識人達の要望に応えたもの」だったのか、あるいは、「使節一行に日本国についての一通りの予備知識を授けるために行われた講演」だったのかは、残された資料からは確認できない。

たしかにローゼンクランツの日本論は、小堀桂一郎が指摘するように、西洋人が伝えてきた文献に頼って組み立てられたものであって、したがってそれは、当時の西洋の学界の通例として、ケンペルの『日本誌』やシーボルトの『日本』に学んだ二次的な文献研究にとどまっていた、と言えるかもしれない。

とはいえ、ローゼンクランツが「日本国と日本人」を講演するにあたって、もっとも参照した文献は、ケンペルの『日本誌』でもシーボルトの『日本』でもなく、その時期からしても、またその内容からしても、一八五四年のペリーの日本来航に随行したばかりか、一八六〇年のオイレンブルク遣日使節団に同行して日本を再訪した、ドイツ人の画家ヴィルヘルム・ハイネの『世界周航日本への旅』であることは間違いない。

しかし、より重要なのは、ローゼンクランツがどの文献を参照していたかということではなく、むしろヘーゲル学派の哲学者として、世界史的な文脈のなかで日本の鎖国を理解し、そのうえで開国の必然性をも指摘していた、ということである。たとえばそれは、日本の開国が内発的なものではなく、むしろ西洋列強からの、すなわち外側から押し寄せてくるものであったと指摘しているところに、はっきりと現れている。そしてまた、世界史の力に日本はあらがうことができず、それに従うことが日本の運命だと語るところに、鎖国を容認していた日本学の研究者とは違って、ローゼンクランツが西洋近代思想を徹底したヘーゲル学派に属する哲学者であると言われるゆえんもある。ローゼンクランツの日本論の持つもっとも大きな意義はここにある。

六　世界史の中に登場したドイツと日本

ローゼンクランツの講演「日本国と日本人」が行われたのは、一八六〇年二月二十四日のケーニヒスベルク自然経済学会である。その当時のプロイセンの外交事情はつぎのようなものであった。

講演が行われた前年の一八五九年八月、プロイセン政府は、日本、中国、タイとの通商条約締結を目的とする艦隊遠征を立案しており、同月この案はプロイセン国王の勅令によって決定されている。

一八五九年十月、プロイセンの東アジア遠征隊の全権公使にフリードリッヒ・ツー・オイレンブルクが任命され、翌年の一八六〇年五月十三日には、オイレンブルク使節団の一行はベルリンを出発して、同年九月四日に江戸湾に到着している。江戸に上陸したオイレンブルクは、アメリカ公使のタウンゼント・ハリスの斡旋により、一八六一年一月二十四日に江戸幕府と日普修好通商条約を結ぶことに成功する。

当時のプロイセン政府の日本理解はつぎのとおりであった。

日本は二百年ものあいだ外国との交際をいっさい絶っていたが、一八五四年にアメリカとロシアによって開国させられた。その後、イギリス、フランス、オランダも日本と条約を結んだ。また、一八五八年には、西洋の列強諸国は日本と修好通商条約を結び、その結果、日本の港は貿易のために開かれ、条約国の外交特権や居留民の保護も認められた、というものである。

こうした日本の歴史的経緯を踏まえて、プロイセン政府は、西欧諸国に与えられているのと同等の権利を獲得するために、つぎのような外交政策を立案し、そしてそれを実行したのである。

プロイセン政府は、東アジアの諸国と条約による関係を開拓することにもはや躊躇すべきでないと信ずるに至り、商業政策上の使節をかの地に派遣するに決したのである。その目的は、これらの国々の政府から、他の西欧諸国民に与えられていると同様な権利を獲得することであった。プロイセン王国の軍艦は、この遠征によって、はるかなる地方の人々に王国の軍艦旗を誇示して、指揮官ならびに乗組員たちの経験を豊かにするという願ってもない機会を見出したのであったが、公使一行はこの艦隊を随えて日本、シナ、シャム〔タイ国〕に赴き、その地の科学的及び商業的調査を行ない、かつ修好通商航海条約の締結に努力することになった。（オイレンブルク『日本遠征記』上巻、七―八ページ）

プロイセン政府は、日本、中国、タイとのあいだに修好通商条約を結ぶために、使節団を送ることにしたのであり、一八五九年八月九日には、締結すべき条約、公使の人選、随行する専門家、艦隊の兵力と整備、携行すべき商品や贈物、予算およびハンザ諸都市の条約への参加などについての計画が立てられていて、そしてこの計画は、一八五九年八月十五日、プロイセン国王の勅令によって決定されていたのである。

政府による立案、国王による決定、議会による承認にもとづいて、プロイセン東アジア遠征隊は、海路と陸路に分かれて出発し、シンガポールで合流して、そこから日本を目指すことになった。

プロイセン東アジア艦隊のテーティス号とフラウエンロープ号は、一八五九年十月二十五日にダンツィヒを発ち、旗艦アナコール号はやや遅れて一八五九年十二月十一日に出航している。全権公使に任命されたオイレンブルクは、一八六〇年五月十三日にベルリンを発ち、スエズからセイロンを経てシンガポールへと赴いた。遠征隊員は一八六〇年八月二日にシンガポールで合流して、そこから遣日使節団を編成して日本へと向かっていった。

東アジアにドイツが登場してくる一連の政治情勢のもと、一八六〇年二月二十四日、プロイセンのケーニヒスベルクで、ローゼンクランツの講演「日本国と日本人」が行われていたのである。そしてまたこのときに、世界史という同じ文脈の中に日本という国が登場してきたのである。

文献一覧

Rosenkranz, Karl, *Studien*, 5 Theile, Berlin/Leipzig, 1839–48.

Theil 1: *Reden und Abhandlungen. Zur Philosophie und Literatur*, Berlin, 1839.

Theil 2: *Reden und Abhandlungen. Zur Philosophie und Literatur*, Neue Folge, Leipzig, 1844.

Theil 3: *Die Modificationen der Logik, abgeleitet aus dem Begriff des Denkens*, Leipzig, 1846.

Theil 4: *Metamorphosen des Herzens. Eine Confession*, Leipzig, 1847.

Theil 5: *Reden und Abhandlungen. Zur Philosophie und Literatur*, 3. Folge, Leipzig, 1848.

Rosenkranz, Karl, *Neue Studien*, 4 Bande, Leipzig, 1875–78.

Bd. 1: *Studien zur Culturgeschichte*, Leipzig, 1875.

Bd. 2: *Studien zur Literaturgeschichte*, Leipzig, 1875–78.

Bd. 3: *Studien zur Literatur- und Culturgeschichte*, Leipzig, 1877.

Bd. 4: *Zur Literaturgeschichte. Zur Geschichte der neueren deutschen Philosophie, besonders der Hegel'schen*, Leipzig, 1878.

Habersham, Alexander Wylie, *My Last Cruise. Where We Went und What We Saw*, Philadelphia, 1857.

Habersham, Alexander Wylie, *The North Pacific Surveying and Exploring Expedition*, Philadelphia, 1858.

Heine, Wilhelm, *Die Expedition in die Seen von China, Japan und Ochotsk*, 3 Bände, Leipzig, 1858–59.

Jancigny, Dubois De, *Japon, Indo-Chine, Empire Birman (Ou Ava), Siam, Annam (Ou Cochinchine), Peninsule Malaise, etc., Ceylan*, Paris, 1850.

Neumann, Karl Friedrich, Das Reich Japan und seine Stellung in der westöstlichen Weltbewegung, in: *Historisches Taschenbuch*, 3. Folge, 9. Jahrgang, 1858, S. 1–206.

Schriften der Königlichen Physikalisch-Ökonomischen Gesellschaft zu Königsberg, 1. Jahrgang, 1. Abtheilung, Königsberg, 1860.

ウィリアムズ『ペリー日本遠征随行記』洞富雄訳、雄松堂出版、一九七〇年。

オイレンブルク『日本遠征記』中井晶夫訳、雄松堂出版、一九六九年。

ケンペル『日本誌——日本の歴史と紀行』（新版、全七分冊）今井正編訳、霞ヶ関出版、二〇〇一年。

ゴロウニン『日本俘虜実記』徳力真太郎訳、講談社学術文庫、一九八四年。

ゴロウニン『ロシア士官の見た徳川日本——続・日本俘虜実記』徳力真太郎訳、講談社学術文庫、一九八五年。

シーボルト『日本』（全九巻）岩生成一監修、雄松堂出版、一九七七—七九年。

ツンベルグ『日本紀行』山田珠樹訳、雄松堂書店、一九六六年。

ティチング『日本風俗図誌』沼田次郎訳、雄松堂出版、一九八〇年。

ハイネ『世界周航日本への旅』中井晶夫訳、雄松堂出版、一九八三年。

ハリス『日本滞在記』（全三巻）坂田精一訳、岩波文庫、一九五三—五四年。

フィッセル『日本風俗備考』庄司三男・沼田次郎訳、平凡社、一九七八年。

フィヒテ『閉鎖商業国家・国家論講義』神山伸弘ほか訳、哲書房、二〇一三年。

ペリー『日本遠征日記』金井圓訳、雄松堂出版、一九八五年。

メイラン『日本』庄司三男訳、雄松堂出版、二〇〇二年。

菊野六夫『ウィリアム・アダムズの航海誌と書簡』南雲堂、一九七七年。

横山伊徳編『オランダ商館長の見た日本——ティツィング往復書翰集』吉川弘文館、二〇〇五年。

羅森『米国使節随行清国人羅森日本日記』、東京大学史料編纂所編『大日本古文書——幕末外国関係文書附録之一』東京大学出版会、一九八六年。

『異国叢書』（全十三巻）雄松堂出版、一九六六年。

『新異国叢書』（全三十五巻）雄松堂出版、一九六八—二〇〇三年。

『新異国叢書総索引』雄松堂出版、二〇〇五年。

『外国人の見た日本』（全五巻）筑摩書房、一九六一—六二年。

訳者あとがき

訳者がカール・ローゼンクランツの論文「日本国と日本人」に出会ったのは、ドイツのボーフム大学において、ベルリン版『ヘーゲル全集』の編者であるローゼンクランツの『新・研究論文集』（一八七五年）を読んでいるときであった。

帰国後に、論文の翻訳を思い立って丹念に調べてみたところ、オルムス社のリプリント版やグーグル・ブックスなどにも、同じテキストがあるのを知った。また、『鷗外全集』第二十六巻（岩波書店、一九七三年）の「獨文の諸篇」にも、ローゼンクランツの論文「日本国と日本人」への言及があることもわかった。

ローゼンクランツのテキストには、当時の日本語をアルファベットに置き換えた箇所で、単純な間違いや判読しづらい文字がいくつもある。それとは別に、訳者がドイツ語を読み間違えているところもあるだろうし、訳文の中には日本史の時代考証に合わない表現もあるかもしれない。これらの点については、読者諸賢の指摘を待ちたい。

本書は、いまだ完璧な翻訳にはほど遠いかもしれないが、それにもかかわらず、ローゼンクランツの論文「日本国と日本人」をひとまずは日本語で紹介することが、日本の洋学史研究のみならず、広く日本学の発展に寄与することになるものと確信している。

最後になったが、本書の出版を快く引く受けてくれて、製作担当に当たってくれた法政大学出版局編集部長の郷間雅俊氏に、心から感謝申し上げたい。

平成二十七年　春

寄川条路

二刷へのあとがき

訳者は本書を上梓したあとに、ローゼンクランツの講演原稿が論文として雑誌に発表されていたことを知った。ロベルト・プルッ編『ドイツ博物館――文学・芸術・公生活のための雑誌』ライプツィヒ、ブロックハウス社、第十四号（一八六〇年四月一日）四八一―四九六ページと、第十五号（一八六〇年四月十二日）五四四―五五五ページに掲載されていた。原文はつぎのとおりである。

Karl Rosenkranz, Japan und die Japaner. I, Nr. 14, April 1, S. 481–496, Japan und die Japaner. II, Nr. 15, April 12, S. 544–555, in: *Deutsches Museum. Zeitschrift für Literatur, Kunst und öffentliches Leben*, hrsg. von Robert Prutz, Leipzig, Brockhaus, 1860.

雑誌『ドイツ博物館』（ライプツィヒ、一八六〇年）に発表されたテキストと、翻訳の底本とした『新・研究論文集』第一巻『文化史の研究』（ライプツィヒ、一八七五年）に収録されたテキストを比べてみたところ、両者に違いはなくまったく同じものであった。

平成二十七年　夏

寄川条路

（注の追記）

(1) 六九頁一〇行目「表音文字である」→この文章は「中国語は主として漢字という表意文字によって視覚的に表現されることが多いのに対して、日本語は中国から導入した漢字の表意的および表音的使用のほか、漢字から発達させた二種類の表音文字（ひらがな・カタカナ）を取り混ぜた形で視覚的に表現される」という事実を簡単に述べようとしたものである。

(2) 七三頁一四行目「馬車」→幕末まで馬車は禁止されていたから、日本には移動や運送のための馬車はなかった。

著 者

カール・ローゼンクランツ（Karl Rosenkranz）

1805–1879年。ヘーゲル学派に属するドイツの哲学者。マグデブルクで生まれ，ベルリン大学，ハレ大学，ハイデルベルク大学で神学と哲学を学ぶ。1828年にハレ大学で教授資格を取得し，31年にハレ大学の准教授，33年にケーニヒスベルク大学の教授となり，きわめて広汎な著作活動を展開して，文化と学問の発展に貢献した。おもな著作に『神学的諸学のエンチクロペディー』，『教育学の体系』，『学問の体系』，『醜の美学』（邦訳：未知谷），『論理的理念の学』などがある。伝記には『カント哲学の歴史』，『シェリング講義』，『ヘーゲル伝』（邦訳：みすず書房），『ゲーテ伝』，『ディドロ伝』などがあり，自伝に『マグデブルクからケーニヒスベルクへ』，論集には『研究論文集』（全五巻）と『新・研究論文集』（全四巻）がある。

日本国と日本人

2015年4月20日　初版第1刷発行
2015年7月24日　　　第2刷発行

著　者　カール・ローゼンクランツ
訳　者　寄川条路
発行所　一般財団法人　法政大学出版局
〒102-0071 東京都千代田区富士見 2-17-1
電話 03(5214)5540 振替 00160-6-95814
組版: HUP　印刷: 三和印刷　製本: 積信堂

Printed in Japan

ISBN978-4-588-31622-7

《訳者紹介》

寄川条路（よりかわ・じょうじ）
一九六一年、福岡県生まれ。ドイツ・ボーフム大学大学院修了、文学博士。現在、明治学院大学教授。
専門は思想文化論。和辻賞、日本随筆家協会賞などを受賞。

おもな作品
『東山魁夷——ふたつの世界、ひとすじの道』ナカニシヤ出版、二〇一四年。

『新しい時代をひらく——教養と社会』（共著）角川学芸出版、二〇一一年。

『若者の未来をひらく——教養と教育』（共著）角川学芸出版、二〇一一年。

『新版　体系への道——初期ヘーゲル研究』創土社、二〇一〇年。

『グローバル・エシックス——寛容・連帯・世界市民』（共著）ミネルヴァ書房、二〇〇九年。

『ヘーゲル哲学入門』ナカニシヤ出版、二〇〇九年。

『インター・カルチャー——異文化の哲学』（共著）晃洋書房、二〇〇九年。

『メディア論——現代ドイツにおける知のパラダイム・シフト』（共著）御茶の水書房、二〇〇七年。

『〈あいだ〉の解釈学——異文化の理解にむけて』世界書院、二〇〇六年。

『初期ヘーゲル哲学の軌跡——断片・講義・書評』ナカニシヤ出版、二〇〇六年。

Das System der Philosophie und das Nichts. Studien zu Hegel, Schelling und Heidegger, Alber, 2005.

『ヘーゲル『精神現象学』を読む』世界思想社、二〇〇四年。

『生命と倫理』学陽書房、二〇〇四年。

『東洋と西洋——カール・レーヴィットと鈴木大拙』中部日本教育文化会、二〇〇三年。

『構築と解体——ドイツ観念論の研究』晃洋書房、二〇〇三年。

『体系への道——初期ヘーゲル研究』創土社、二〇〇〇年。

Hegels Weg zum System. Die Entwicklung der Philosophie Hegels 1797–1803, Lang, 1996.